希望の源泉
池田思想
7

――『法華経の智慧』を読む

佐藤優

第三文明社

まえがき

二〇二三年の歴史に残る大きな出来事の一つが、十一月十五日に池田大作先生が逝去されたことだ。私は沖縄の新聞『琉球新報』に以下の寄稿をした。

池田大作と沖縄　民衆の視座で平和へ行動〈佐藤優のウチナー評論〉

創価学会名誉会長の池田大作氏（創価学会第三代会長、ＳＧＩ〔創価学会インタナショナル〕会長）が、15日、東京都新宿区の居宅において老衰《ろうすい》で逝去した。享年95。池田氏は沖縄との関係でも、重要な宗教人だ。池田氏が執筆した長編小説「人間革命」を創価学会は「精神の正史」と位置付けている。この小説の冒頭でいかなる戦争も民衆の立場から拒否するという池田氏の強い決意が示されている。

〈戦争ほど、残酷《ざんこく》なものはない。／戦争ほど、悲惨なものはない。／だが、その戦争はまだ、つづいていた。／愚《おろ》かな指導者たちに、率いられた国民もまた、まことに哀《あわ》れである〉（池田大作『人間革命　第1巻』聖教ワイド文庫、２０１３年、15頁）。

池田氏はこの箇所を１９６４年12月2日に沖縄で書いた。

〈池田先生が『人間革命』の執筆を開始した地は、日本で唯一、太平洋戦争の地上戦が行われ、多くの一般市民が犠牲となる悲惨と苦汁《くじゅう》をなめた沖縄でした。／池田先生はのちに「その朝、私は一人、文机に向かい、万年筆を握ると、原稿用紙の第一行に力を込めて書き始めた。『人間革命』──そして、『第一章　黎明《れいめい》一』と続けた……」と、当時を回想しています。「戦争ほど、残酷なものはない。／戦争ほど、悲惨なものはない」との言葉で始まる『人間革命』の執筆開始は、人類の平和と幸福の「黎明」を開きゆく闘争を開始する、高らかな宣言でもあったのです〉（創価学会公式サイト）。

創価学会を支持母体とする公明党が自民党と連立を組んだ後、創価学会の平和主義が後退したと主張する人がいるが、間違った見方だ。ここで重要なのは、創価学会が世界宗教に発展しているという現実だ。この点、キリスト教との類比が参考になる。

発生当初のキリスト教はローマ帝国と対峙《たいじ》する反体制宗教だった。しかし、キリスト教徒が貧困層だけでなく、知識人、貴族らにも拡大するにつれて帝国としてもこの宗教を無視できなくなった。313年にコンスタンティヌス帝がミラノ勅令《ちょくれい》を公布し、キリスト教は「与党化」した。しかし、このことは平和を実現する、貧しき者、虐《しいた》げられた者と共にあるというイエス・キリストの愛の教えからキリスト教が離れたことを意味しない。「与党化」する中で、現実の社会により大きな影響を与える形で愛の教えを実践するようになった。

確かに自公連立政権が続く過程で、創価学会も「与党化」した。これは巨視的に見れば、創価学会が世界宗教になる過程で避けられない現象と筆者は考えている。ただし、注意深く見ると、創価学会が国家や政府と完全に一体化しているわけではないことが分かる。ロシア・ウクライナ戦争に関して、創価学会は即時停戦を訴え、池田氏がそのイニシアチブを取った。例えば、本年（＝2023年）1月11日の池田氏によるウクライナ危機と核問題に関する緊急提言「平和の回復へ歴史創造力の結集を」だ。

また、沖縄の公明党は、辺野古《へのこ》新基地建設に反対の姿勢を取っているのみならず、在沖米海兵隊の海外移転を主張している。ときどきの政治状況で、この方針をどれだけ強調するかには波があるが、基本方針は揺らいでいない。それは沖縄の創価学会が、平和について沖縄の民衆の視座で考え、行動しているという現実を反映している。東京の公明党本部とは異なる方針を取っている沖縄の公明党の活動が容認されているのも、他の政党とは異なる生命尊重、人間主義という創価学会と共通の価値観で公明党が動いているからだ。

（二〇二三年十一月二十五日『琉球新報』）

池田先生の著作は多数あるが、『人間革命』と『新・人間革命』は創価学会の「精神の正史」「信心の教科書」と位置付けられている。それではこの『法華経の智慧《ちえ》』はどのような位置付けになるのであろうか。私は、釈尊《しゃくそん》―日蓮大聖人―創価学会とつながる真実の仏法の系譜を教学的に正しく読み解く指針を示しているところに、『法華経の智慧』の特徴があると見ている。創価学会は世界宗教として発展する過程で教学的にも重要な作業を行っている。私が注目しているのは、二〇二三年十一月に刊行された『創価学会教学要綱』だ。創価学会が「生きた宗教」であることについてこう記している。

一九九三年以来、創価学会は日寛《にちかん》書写の御本尊を会員に授与しているが、それは、日蓮大聖人と日興上人の真意に則《のっと》った「本門の本尊」であるからである。

なお、日寛教学の中で、「御書根本」「大聖人直結」にかなった教義解釈や、世界広《こう》宣流布《せんるふ》を推進していく創価学会員の信行に資する内容については、引き続き重んじていくことは言うまでもない。創価学会は、どこまでも「御書根本」「大聖人直結」を貫《つらぬ》きながら、時代や社会に即して「生きた宗教」として大聖人の仏法を展開するのである。

その創価学会の根本精神を示す、全世界の創価学会の団体と会員の根本規範である「創価学会会憲《かいけん》」が、二〇一七年十一月に施行された。会憲の前文には、創価学会が釈尊から『法華経』を経て日蓮大聖人に結実した仏法の人間主義の系譜に連なることが示され、大聖人の仏法を現代に蘇生させた三代会長の事績に触れ、「創価学会は、『三代会長』を広宣流布の永遠の師匠と仰ぎ、異体同心の信心をもって、池田先生が示された未来と世界にわたる大構想に基づき、世界広宣流布の大願を成就しゆくものである」と明記されている。

（池田大作監修『創価学会教学要綱』創価学会、二〇二三年、一五〇〜一五一ページ）

私は創価学会とは別の宗教（プロテスタントのキリスト教）を信じている。他宗の信者ではあるが創価学会のファンであり、池田大作先生を心の底から尊敬している。本書で展開した私の池田思想解釈が、「生きた宗教」である創価学会の世界広宣流布に貢献することを願っている。

二〇二四年五月三十日、曙橋（東京都新宿区）の自宅にて

佐藤優

希望の源泉・池田思想

――『法華経の智慧』を読む　7

目次

一、本書は、月刊誌『第三文明』に連載された「希望の源泉――池田思想を読み解く」（第七十三回・二〇二二年八月号～第八十四回・二〇二三年七月号、第九十一回・二〇二四年二月号、第九十二回・三月号）を加筆・修正し収録したものです。

一、本書では『法華経の智慧――二十一世紀の宗教を語る』（池田大作、聖教新聞社）下巻の「如来神力品」（第二十一章）を取り上げています。

一、『法華経の智慧』からの引用は「普及版」（上中下の全三巻）に基づき、（〇巻〇〇ページ）と表記しました。

一、御書の引用は、『日蓮大聖人御書全集　新版』（創価学会）に基づきました。ただし、引用文中の御書の御文は原典どおりに記載しました。

一、御書の引用に際して、『日蓮大聖人御書全集　新版』のページ数と『日蓮大聖人御書全集』（創価学会版、第二七八刷）のページ数を併記し、（新版〇〇ページ・全集〇〇ページ）と表記しました。

一、肩書、日時等は、連載時点のままにしました。

一、引用文中の編集部による注は（＝　　）内に示しました。

装幀・本文デザイン　株式会社藤原デザイン事務所
帯写真　柴田篤
聞き手　『第三文明』編集部

1

「日蓮本仏論」に見る民衆救済の視点

戦争の今こそ池田思想に学ぶべき

——本題に入る前に、佐藤さんが二〇二二年六月に出版された『プーチンの野望』（潮新書）がベストセラーとなり、大きな話題を呼びましたので、少し触れたいと思います。

佐藤　あの本は、私が職業作家となった二〇〇五年以降、さまざまなメディアに寄せたプーチン（ロシア連邦大統領）論を、加筆修正して集めたものです。その上で、今年（二〇二二年）二月のロシアのウクライナ侵攻以降の状況について思うところを、語り下ろしの形で新章として加えました。

――佐藤さんは前巻（『希望の源泉・池田思想６』第十一章）で、「ウクライナ侵攻については、現時点では事態があまりに流動的であり、世論も沸騰《ふっとう》していますので、冷静にお話しできる状況ではないように思います。私もいろんなメディアからこのテーマで取材依頼を受けますが、体調のこともあり、今は基本的にはお断りしています」と言われていましたね。こういう本を出されたのは、その後、状況の変化を感じられたからですか？

佐藤　はい。二〇二二年四月くらいまでは、冷静な議論ができるような雰囲気ではありませんでした。停戦を訴えたり、ウクライナ側に少しでも批判的な意見を述べたりするだけで、集中砲火を浴びてしまうような時期でした。何よりも、そうした議論自体が多くの人々に受け入れられなかったでしょう。しかし、最近ではかなり変わってきて、議論できる素地《そじ》ができたように思います。そこで、この『プーチンの野望』を緊急出版したわけです。

――この本では、外務官僚時代の佐藤さんが、一九九八年の段階でプーチンとモスクワで出会っていたことなどが明かされていますね。

『プーチンの野望』
（潮出版社、2022年6月刊）

佐藤　はい。当時プーチンはFSB（ロシア連邦保安庁）長官という立場で、まだ大統領候補とすら目されていませんでした。

――プーチンと間近に接した数少ない日本人の一人であり、ロシアという国とその政治を熟知された佐藤さんだからこその深い分析に感服しました。

佐藤　ありがとうございます。実はあの本には、本書で皆さんと語り合ってきたことが、かなり生かされているのです。私が池田思想を学んで考えたことが、随所《ずいしょ》に反映されています。

――そういえば、『プーチンの野望』の「はじめに」には、池田大作SGI（創価学会インタナショナル）会長の小説『人間革命』冒頭の「戦争ほど、残酷《ざんこく》なものはない。／戦争ほど、悲惨なものはない」から始まる一文が引用されていますね。そして終章では、池田会長とウクライナ国立キエフ工科大学総長のミハイル・ズグロフスキー博士との対談集『平和の朝《あした》へ　教育の大光』（第三文明社）の一節が引用されています。

佐藤　本文の前後を挟《はさ》み込むように、池田会長の言葉を引用してあるわけです。そうした構成には、「ウクライナ戦争を終わらせて平和を取り戻すためには、今こそ池田思想に学ばないといけない」という私の思いが込められています。

池田思想から学ぶべき点は、いくつもあります。その一つは言うまでもなく、断じて戦争を避けようとする、根源的な反戦・平和思想です。そしてまた、戸田城聖《じょうせい》第二代会長から受け継がれ、池田会長が世界に広めてこられた、核兵器を絶対悪とする思想です。ところが、ウクライナ侵攻が始まってからしばらくの間、日本の世論や論壇《ろんだん》の動向は、それとは真逆の方向に大きく暴走していました。

暴走の最たる例として、一部の自民党政治家が、ウクライナ侵攻を奇貨《きか》として、「日本は核共有すべきだ」と主張し始めたことが挙げられるでしょう。要は、「これからはロシアがいつ日本に攻め込んでくるかわからないし、アメリカの『核の傘』による安全保障はあてにならないから、日本も独自に核兵器を保有すべきだ」という主張です。世論のなかにも、そうした主張に同調する声が多数見られました。

しかし、これは「核兵器を持つことで平和が担保される」とする時代遅れの「核抑止論」そのものです。そもそも、核抑止力という考え方そのものが「神話」にすぎません。アメリカもNATO（北大西洋条約機構）もロシアも、核兵器を保有しています。

「核兵器を持つことで平和が担保され、核大国を当事国とする戦争は起きなくなる」という「神話」は、他ならぬロシアのウクライナ侵攻で突き崩されたのです。

にもかかわらず、そのウクライナ侵攻を見て、あわてふためいて核兵器を持とうとするのは愚《おろ》かしい発想です。使うことで人類が破滅に向かうような核兵器は、廃絶を目指して進んでいくしかないのです。

創価学会の平和運動の原点となった、戸田第二代会長による「原水爆禁止宣言」(一九五七年)の精神に、今こそ私たちは立ち返らなければいけません。それは公明党議員の皆さんにとっても一つの原点であるはずで、公明党が与党の一角にいることの意義は、いっそう重みを増していると思います。

そんな人は決していないとは思いますが、もし仮に公明党の議員が自民党の一部に同調して、「今こそ日本は核共有すべきだ」とSNSなどで主張し始めたとしたら、それだけで党内で問題化するでしょう。除名処分すら検討されると思います。公明党にとって、核兵器廃絶を目指すことはそれほど重い、政党としての根幹にあるテーマになっているのです。だからこそ、公明党の存在は与党において、ウクライナ情勢を巡る一部自民党議員の暴走の歯止めになっています。

今夏の参議院選挙（二〇二二年七月十日投開票）に向けた公約でも、〝核兵器による威嚇《いかく》や使用、核共有の導入には断固反対〟と明記されています。

国家指導者を「悪魔化」する危険性

佐藤 また、今こそ池田思想に学ぶべきもう一つの点として、自分と相いれない相手に対しても対話の努力をあきらめないこと、そして、対話こそが平和の礎《いしずえ》となるという強固な信念が挙げられます。

池田会長は、一九七四年九月のソ連初訪問に際して、「宗教否定のイデオロギーを持つソ連に、なぜ宗教家が行くのか？」と批判を浴びましたが、「そこに人間がいるからです」と答えました。たとえ思想的に相いれなくとも、同じ人間であるという最大の共通項があるのだから、相互理解のための対話をあきらめないという信念の言葉です。

私は、今のウクライナを巡る状況を改善させるためにも、同じ信念を持つことが大切だと思います。プーチンをいたずらに「悪魔化」してしまうことは、その対話を最初からあきらめてしまうことに他なりません。

池田会長ならそうした姿勢は取らないでしょうし、池田思想を根底に持つ公明党議員の皆さんにも、ロシア側との対話をあきらめないでほしいと思うのです。

――『プーチンの野望』の「はじめに」で、佐藤さんが「他者を悪魔化する発想の背景にはキリスト教の影響がある」と書かれていたことに、ハッとしました。

佐藤　はい。キリスト教の論理に従うと、悪を人格的に体現したものが悪魔であって、この思考を採るといったん「悪魔のレッテル」を貼った相手は打倒するしかないという結論になってしまいます。その思考がどんどん純化されていくと、「敵国は悪魔が率いているのだから、核兵器を使ってでも殲滅《せんめつ》するしかない」という考えに行き着いてしまいかねません。西側でプーチンの悪魔化が進む一方、ロシア国内ではゼレンスキー（ウクライナ大統領）とバイデン（アメリカ合衆国大統領）の悪魔化が進んでいます。これは大変危険な状況で、だからこそ、池田会長の対話をあきらめない姿勢にわれわれは学ぶべきなのです。

　池田会長の対話重視の姿勢の根底に、仏法の人間観があることは言うまでもありません。仏法では、すべての人間の生命には尊極《そんごく》の仏性《ぶっしょう》があると捉《とら》えます。また、その仏性は、さまざまな機縁《きえん》に応じて移り変わる十界《じっかい》の一つ、「仏界」であると考えます。ゆえに、仮にプーチンの生命境涯《きょうがい》が今は地獄界や餓鬼《がき》界、畜生《ちくしょう》界にあったとしても、今後何らかの機縁に触れて変わり得るし、彼のなかにも仏性はあると考えるのです。池田会長はそのような人間観に立つからこそ、思想的に相いれないと思える相手とも対話を重ねてこられたのです。

　プーチンを悪と決めつけ、「悪魔のレッテル」を貼るのではなく、彼の生命の奥底にある仏性に語りかける思いで対話を試み、よき方向に変えることを考えるべきでしょう。ウクライナ侵攻問題に限らず、世界の為政者たちは池田思想に、そして法華経の人間観に学ぶべきです。

コロナウイルスとの戦いは、われわれ人間が制御できないものが相手です。それに対して、戦争は人の心から起きるものですから、人間が制御できるはずです。だからこそ、為政者たちは一日も早い停戦の実現を目指して、人の心を平和の方向に向かわせる努力をすべきなのです。

つけ加えるなら、キリスト教本来の教えは、いたずらに国家指導者を「悪魔化」するような姿勢とは無縁です。なぜなら、イエスは「敵を愛し、迫害する者のために祈りなさい」と言われたからです。敵対する人々を憎むのではなく、むしろ愛する気持ちを持つことで、神の働きによってその人々の心が変わると、キリスト教は説いているのです。また、イエスには「平和を造る人々は、幸いである。その人たちは神の子と呼ばれる」という言葉もあります。戦争を煽《あお》るのではなく、平和の実現に向けて努力することこそ、キリスト教徒としての使命なのです。

ただ、ウクライナ侵攻以後、キリスト教の世界的指導者でさえ、イエス本来の教えを忘れたかのように、戦争を煽る行動に走っています。例えば、カトリック教会のトップであるローマ教皇は、慎重に言葉を選びながらではありますが、ウクライナ支持の姿勢を打ち出しました。一方、ロシア正教会のトップであるキリル総主教は、ロシアによる「特別軍事作戦」に祝福を与えました。重い責任を担《にな》う宗教指導者のそのような姿勢に、私は一人のプロテスタント神学者として、憤《いきどお》りを感じますし、残念でなりません。

「日蓮本仏論」を巡る難題

――さて、それでは本題に入りたいと思います。池田会長の『法華経の智慧《ちえ》』を巡る語らい、「如来神力品《にょらいじんりきほん》」の章の続きです。

これまでも述べてきましたが、この神力品に描かれた釈尊《しゃくそん》から地涌《じゆ》の菩薩《ぼさつ》（上行《じょうぎょう》菩薩）への付嘱《ふぞく》の儀式を、「釈尊の仏法から日蓮仏法への転換」を意味する内容として受け止めています。この神力品の内容それ自体が、「日蓮本仏論」の説明になっているとも言えます。これから取り上げるのは、その転換の核心部分です。本文に「古来、法華経の一番の難所です」（下巻一六五ページ）との指摘があるとおり、内容はかなり難解です。

佐藤　「日蓮本仏論」にどう向き合うかということは、近年の創価学会の大きなテーマとなってきました。それは一つには、創価学会の世界宗教化が本格化したからこそでしょうね。世界的にはやはり「仏教イコール釈尊の教え」というイメージが強くあって、日蓮大聖人の知名度は残念ながらまだまだ低いです。

そうしたなかにあって、日蓮本仏論を全面的に打ち出して、果たして世界に受容されるのか？　布教段階では方便《ほうべん》として釈尊を前面に打ち出してもよいのではないか……などということが、若き日の池田会長によって世界広布が始まった最初の段階から、学会内でずっと議論されてきたのではないかと推察します。

さらに、日蓮正宗宗門と訣別《けつべつ》して以来、別の論点も浮上してきました。日蓮本仏論は富士門流七百年の歴史のなかで少しずつ形成されてきたものなので、宗門と訣別してからもそのまま受け継いでよいものかということが議論になったのではないかと思います。しかし、日蓮本仏論を否定してしまえば、釈尊本仏論に立つことになり、身延《みのぶ》派日蓮宗と同じになってしまいます。いかにして学会なりの日蓮本仏論を打ち立てるかが、難題だったのでしょう。

――二〇一七年十一月十八日施行の「創価学会会憲《かいけん》」は、明確に日蓮本仏論の立場に立っています。「前文」に「末法の御本仏日蓮大聖人」とありますし、「教義」を定めた第二条にも、「この会は、日蓮大聖人を末法の御本仏と仰《あお》ぎ」と明記されているのです。つまり、この会憲が定められた時点で、日蓮本仏論とどう向き合うかの結論は出ていると言えます。

佐藤　そのとおりです。私が思うのは、創価学会は日蓮本仏論に立つことによって、末法という「危機の時代」における救済というテーマに真正面から向き合うことになったということです。日蓮大聖人を「教主釈尊の使い」として捉えていては、危機の時代に民衆を救済する力としては弱いと思うのです。

日蓮本仏論には、大別して二つの側面があると思います。一つは「唯一性」――日蓮大聖人ただ一人が本仏であるとする側面、もう一つは凡夫《ぼんぷ》がそのまま仏になれるという「平等性」です。創価学会の日蓮本仏論は、唯一性と平等性の両面を併《あわ》せ持っているところに一つの独自性があるのだと思います。

しかし、宗門との訣別後に自由な教義論争が行われるなかで、唯一性を否定する論者もいたのです。つまり、〝日蓮仏法の平等性を突きつめて考えていけば、大聖人もわれわれも同じ人間なのだから、大聖人だけが特別に神格化され、本仏として祭り上げられるのはおかしい。根本的に唯一なのは「法」だけであって、人間は皆、平等であるはずだ〟という主張です。つまり、日蓮大聖人もその「法」を発見した人にすぎない、と捉えるわけです。

――近代ヒューマニズム的な価値観に立った本仏論とも言えそうですね。

佐藤 この主張だと、「人法一箇《にんぽういっか》」や「人本尊《にんほんぞん》」という考え方は否定することになります。それは、キリスト教で言うと「ユニテリアン」の考え方に近い。ユニテリアンはプロテスタントの一派ですが、イエス・キリストの「神人性」「唯一無比性」を否定して、「イエスは偉大な教師ではあるが、神ではない」と考えます。〝イエスが発見した真理は他の宗教のなかにもあり、イエスはそれを発見したにすぎない〟という。アメリカのハーバード大学の神学部はユニテリアンが主流です。

ただ、日蓮本仏論について詳しく論じた『法華経の智慧』のこの章を読む限り、平等性を重んじるあまり日蓮大聖人の唯一性を否定した主張は、創価学会教学とは相いれない気がしますね。この章で池田会長は、「全宇宙を揺るがす仏の大神力をもってしても、上行菩薩の功徳を讃嘆《さんたん》しきれない」という、神力品での釈尊の言葉について、**「飛躍した言い方になるが、結論から言えば、人法一箇の南無妙法蓮華経如来の功徳を讃嘆しているのです」**（下巻一六七～一六八ページ）と、明確に人法一箇の本仏を肯定しているからです。

――そうですね。

佐藤　〝創価学会はユニテリアン的な道は歩まない、日蓮本仏論の「唯一性」も「平等性」も両方重視していく〟と、暗に宣言されたということかもしれません。ユニテリアン的な形の日蓮本仏論も一つの考えでしょうから、議論するのはいいと思いますが、それが創価学会総体の立場にはなり得ない気がします。

というのも、創価学会のメインストリームを成すのはやはり、ごく普通の庶民の皆さんなのであって、机上《きじょう》で学問を研究している人ではないからです。普通の庶民の会員が違和感を抱《いだ》いて戸惑ってしまう解釈は、やはり主流にはなり得ないでしょう。教義は、多くの会員が心から納得し、その教義によって自分が救済されるという実感が得られることが何より大切なのですから。

理想主義から現実主義への転換説く

佐藤 「神力品の『付嘱』の儀式は、端的《たんてき》に言うならば、『本果妙《ほんがみょう》の教主』から『本因《ほんいん》妙《みょう》の教主』へのバトンタッチです」（下巻一六四ページ）と池田会長は言われていますが、これも難しいところですね。

――そうですね。「本果妙の教主」とは釈尊のことで、「すでに仏になった」という「結果」から出発する立場です。「釈尊はこんなに立派な仏になられたのだから、われわれ弟子《でし》もそれを理想として目指して修行しましょう」という立場なので、「本果妙の教主」と言います。

佐藤 それに対して、「本因妙の教主」は日蓮大聖人のことですね。

――はい。神力品のなかでは、地涌の菩薩のリーダーである「上行菩薩」として登場します。

佐藤　日蓮大聖人は凡夫僧として、仏を目指して菩薩道の修行をする一人の人間として出現されました。つまり、仏を目指すという「原因」の立場で法を説き、しかも仏であるという不可思議な存在ゆえに「本因妙の教主」なのです。

「**それは、燦然《さんぜん》たる三十二相《そう》の『仏果《ぶっか》』という理想像を中心にした仏法から、凡夫の『仏因』を中心とした仏法への大転換を意味する**」（下巻一六四ページ）と池田会長が言われるとおり、理想主義から現実主義への仏法の大転換が、この神力品で説かれるわけですね。次回は、この部分をもう少し踏み込んで考えてみましょう。

2

世界宗教としての節度を守った創価学会

「知識人の増上慢」を警戒せよ

――本題に入る前に、読者の要望もあり、今回も少しウクライナ戦争のことに触れていただきたいと思います。

佐藤　ウクライナ戦争と、それに先立つ新型コロナウイルスのパンデミック……二つの世界史的事件によって、言論人として大きなダメージを被《こうむ》ったのが、イスラエルの歴史学者・哲学者であるユヴァル・ノア・ハラリですね。

『サピエンス全史』『ホモ・デウス』（いずれも邦訳は河出書房新社）という二つの大著を世界的ベストセラーにし、時代の寵児《ちょうじ》となったハラリですが、彼は今、『ホモ・デウス』の記述を全面的に書き直したいと思っているかもしれません。

というのも、『ホモ・デウス』は未来予測の書ですが、そのなかで彼は、〝人類は、自《みずか》らにとって最悪の敵であり続けた飢饉《ききん》と疫病《えきびょう》、戦争を克服しつつある。この三つの問題を克服したわれわれは、今後不死と幸福、神性の獲得を目標とするだろう〟と論じていたからです。

ところが、『ホモ・デウス』の原書が出た二〇一五年からわずか数年にして、疫病と戦争が立て続けに世界を襲《おそ》ったわけです。〝三つの最悪の敵を、人類はほぼ克服した〟と捉《とら》えたことは、世界を代表する知識人の一人として、あまりにも認識が甘かったと思います。

二〇一八年と二〇年に、「ダボス会議」（世界経済フォーラム年次総会）で「人類の未来」について基調講演を務めたのはハラリでした。まさに、未来を見通す予言者のように遇《ぐう》されていたわけです。しかし、『ホモ・デウス』で論じた内容が大きく外れたことで、ハラリの評価は大いに下がったと思います。いささか強い言葉を使えば、彼は聖書で言う「偽預言者《にせよげんしゃ》」となってしまったのです。

同じ言論人として、ハラリの失敗は私の大きな反面教師になりました。私も未来予測めいたことを著作で書くことはありますし、時にはその予測が外れることはあります。人間ですから予測が外れることもあって当たり前ですが、ハラリの失敗の背景には、単なる予想外れにはとどまらない、知識人の増上慢《ぞうじょうまん》を感じてならないのです。

それは、人間には世界の問題を解決できる力があると考える「科学技術全能主義」とも言うべき増上慢であり、自分には世界の未来が見通せるという増上慢です。その二つが合わさって、ハラリは失敗した。知識人はとかく増上慢に陥《おちい》りやすいものであり、それを常に自戒《じかい》していなければならないと、あらためて思いました。

世界宗教はウクライナ戦争にどう向き合うべきか

――前章で、佐藤さんは、ローマ教皇がウクライナ支持の姿勢を打ち出し、ロシア正教会のトップがロシアの「特別軍事作戦」に祝福を与えたことについて、「イエス本来の教えを忘れたかのように、戦争を煽《あお》る行動に走っています」と憤《いきどお》りを表明されていましたね。

佐藤　はい。それは言い換えれば、カトリックやロシア正教会が過度に政治化してしまい、キリスト教本来の世界宗教性から逸脱してしまっているということです。

世界宗教は本来、戦争が始まったとき、どちらか一方の当事国を支援することは軽々《けいけい》にできないはずです。なぜなら、世界宗教である以上、どちらの当事国にも自分たちと同じ信仰を持つ同志がたくさんいるからです。「わが教団はA国を支援します。B国は侵略国です」と一方の側に立った途端、B国にいるその教団の信徒は、非常に苦しい立場に追い込まれてしまうでしょう。だからこそ、国家間の対立が戦争に発展してしまった場合、世界宗教の信徒は、「国家の論理」とは別の「信仰の論理」に立たないといけない。そうでなければ信仰が貫《つらぬ》けないのです。

創価学会は、ロシアにもウクライナにもSGI組織があるだけに、そのことをよくわきまえています。あからさまに「創価学会はこの戦争においてウクライナを支援します」などと主張しないことで、世界宗教としての節度を保ったのです。

以前も触れましたが（『希望の源泉・池田思想6』第十一章）、二〇二〇年三月一日に、ウクライナ情勢について創価学会青年部が発表した声明は、まさにそうでした。あの声明のなかには、ロシアを非難したりウクライナを支持したりする言葉は一切なく、「戦闘によって多くの人々の生命と尊厳と生活が脅《おびや》かされる事態は悲惨であり、私たち創価学会青年部は即時停戦を求める」という言い方のみがなされていました。あれは、世界宗教として正しい姿勢なのです。

ただ、同じ一人の人間のなかに、宗教人としての立場と、市民としての立場は別個に存在しています。例えば、ウクライナ国内のSGIメンバーは、十八歳以上六十歳以下の男性の出国を禁じた「国民総動員令」が今は発動されているわけですから、その法律は遵守《じゅんしゅ》しないといけません。それが市民としての義務です。しかし、宗教人としての立場は別にあるわけです。

創価学会には「社会憲章」が定められていて、そこには「創価学会は、各地の文化・風習、各組織の主体性を尊重する。各組織はそれぞれの国、または地域の法令を遵守して活動を推進し、良き市民として社会に貢献する」という項目があります。ウクライナのSGIメンバーが国民総動員令を遵守することは、まさに「良き市民として社会に貢献する」という社会憲章の一節と合致しているのです。

また、公明党は連立与党を組んでいる政党であり、信仰者としての立場ではなく、市民としての立場を表に出しているわけですから、ウクライナ侵攻についてロシアを非難するのは当然なのです。それは、創価学会がロシアを非難しないことと何ら矛盾していません。立場が違うのですから……。

創価学会が民族宗教であればそうした乖離《かいり》は起きないのですが、世界宗教だからこそ、市民としての立場と信仰者としての立場は異なってきます。しかし、それは矛盾でも二枚舌でもないのです。

もしも、日本の創価学会がロシアのウクライナ侵攻を公《おおやけ》に非難したとしたら、そのことでロシア政府はロシアSGIという組織を「エージェント」と規定するでしょう。「エージェント」とは「外国機関の利益を代表している人・組織」という意味であり、ひいては「スパイ」というニュアンスになります。

例えば、ゴルバチョフ元ソ連大統領が設立した国際政治・経済基金である「ゴルバチョフ基金」や、ロシアの独立系世論調査機関「レバダ・センター」は、ロシア国内ではエージェントと規定されています。外国の支援を受けていると、エージェントとして扱われるのです。仮にロシアSGIがエージェントとして規定されてしまったら、次の段階では、「ロシア社会にとって有害な団体」と見なされて結社禁止となり、会合すら自由に開けなくなるでしょう。

創価学会青年部の声明は、ロシアSGIがそうした危険にさらされることまで考えて、あのような内容になったのだと思います。世界宗教である以上、そこまで配慮しないといけないのです。

法華経理解には「信心」が不可欠

――それでは、本題に入ります。前章は、『法華経の智慧《ちえ》』の「如来神力品《にょらいじんりきほん》」について、「本因妙《ほんいんみょう》」と「本果妙《ほんがみょう》」という難解なテーマに踏み込んだところで終わりました。

佐藤 「神力品の『付嘱《ふぞく》』の儀式は、端的《たんてき》に言うならば、『本果妙の教主』から『本因妙の教主』へのバトンタッチです」（下巻一六四ページ）という池田会長の言葉を踏まえて、「本果妙の教主」は釈尊《しゃくそん》、「本因妙の教主」は日蓮大聖人のことであり、神力品で大聖人は、地涌《じゆ》の菩薩《ぼさつ》のリーダー「上行菩薩《じょうぎょうぼさつ》」として登場する……というところで話が終わったのでしたね。

――はい。形式上は「付嘱」（譲り渡すこと）という言い方になっていますが、本質的次元から言えば、〝釈尊しか持っていなかったものを上行菩薩（日蓮大聖人）に「付嘱」した〟わけではありません。

佐藤　その点について、池田会長は次のように表現していますね。

「飛躍した言い方になるが、結論から言えば、人法一箇《にんぽういっか》の南無妙法蓮華経如来の功徳を讃嘆《さんたん》しているのです。『久遠実成《くおんじつじょう》の釈尊』も『上行菩薩』も宇宙の根本仏《こんぽんぶつ》であられる南無妙法蓮華経如来の『迹《しゃく》（影）』です。

南無妙法蓮華経如来は、無始無終《むしむしゅう》の仏であり、宇宙生命そのものであり、三世十方《さんぜじっぽう》の一切の諸仏の根源であり、十界本有《じっかいほんぬ》、十界互具《ごぐ》の御当体です。その十界のうちの『仏界』を、法華経では『久遠実成の釈尊』と『多宝如来』として説き、南無妙法蓮華経如来の『九界』を『上行菩薩』等として説いたのです。

同じ根本仏の己心《こしん》の仏であり菩薩です。だから、ここでは南無妙法蓮華経如来を讃嘆してもしきれないと言っていると拝してよい。南無妙法蓮華経如来は、諸仏を生んだ『根源の師』ですから、師匠を讃《たた》えていることでもある」（下巻一六七〜一六八ページ）

――ここでは「迹」に「影」という注釈がついていますが、「迹」には「仮の姿」という意味合いがあります。

佐藤　重要なのは、池田会長が「飛躍した言い方になるが」という言い方をされていることだと思います。つまり、ここには一般的な見方・考え方から見れば、大きな論理の飛躍があるということです。日蓮大聖人は歴史的に見れば釈尊よりはるか後代に生まれているわけで、両者が「同じ根本仏の己心の仏であり菩薩です」と言われても、論理で考えては到底理解できません。つまり、信心がなければ、ここを理解するための論理の飛躍ができないのです。

言い換えれば、法華経という経典自体、実は論理だけ、文献学的素養だけで理解しようとしても無理で、信心のある人が読んで初めて深く理解できるのだと思います。

そこで思い出すのは、戸田第二代会長の「獄中《ごくちゅう》の悟達《ごだつ》」です。難解に思えて理解できなかった法華経の経文が、獄中の悟達を遂げたあとで読んだら、まるで自分が体験したことが書かれているようにすんなり理解できた、という趣旨の描写が『人間革命』にも出てきますね。あれはまさに、「法華経は信心で読むものだ」ということを象徴している気がします。

――そうですね。しかも戸田会長はその理解のことを、初めて知ったのではなく「思い出した」という言葉で表現しています。これは仏教用語で言うところの「本覚《ほんがく》」（「人間には本来等しく仏の悟《さと》りが具《そな》わっている」という思想）に当たります。本覚の対義語が「始覚《しかく》」で、これはもともと悟りが具わっていなかった衆生《しゅじょう》が、初めて悟りに至ることを指します。

佐藤　なるほど。教学で言う「久遠実成」と「始成正覚《しじょうしょうかく》」は、それぞれ「本覚」と「始覚」に相当するわけですね。

――「始覚」は釈迦仏法の立場であり、日蓮大聖人も創価学会も「本覚」の立場を取っています。

佐藤　わかります。「始覚」の立場を取る以上、仏の悟りは歴史上のある時点でなされたことになり、日蓮大聖人や創価学会が言う「永遠の仏」という考え方が成り立たなくなりますからね。

――ただ、日蓮宗には「始覚」にこだわる傾向があります。例えば、望月歓厚《もちづきかんこう》という日蓮宗の仏教学者がいますが、彼は「始覚即本覚」という言葉を作って、本来は真逆の立場である始覚と本覚を無理やりつなげようとしました。

佐藤　「即」は本来、英語の「イコール」とは似て非なるものですよね。単純に「等しい」「等価」という意味であるわけではない。にもかかわらず、「即」の一字でつなぐと、本来はまったく異なるものがイコールになるような気がしてしまう。そのように、ある種のマジック・ワードとして安直に「即」を使う人もいるので、そういう言説は眉唾《まゆつば》だと感じます。

例えば、哲学者の田辺元《はじめ》は、著作のなかで「即」という言葉を多用しました。「生即死」「死即生」などと。それが一九四三年の「学徒出陣」に際して、エリート学生たちを戦地に送り込むことを正当化するマジック・ワードとして利用された負の歴史がありました。

本来、仏教における「即」は、究極のものが定まったあと、その究極から見れば二つは「即」であると言うための言葉です。逆に言えば、究極のものが定まるまで、「即」という概念は本来使ってはいけないのだと思います。

「平等性」と「唯一性」の両立

佐藤　前回、日蓮本仏論を巡る難題として、法華経が説く生命の平等性と、日蓮大聖人の唯一性をどう整合させるかということがあるという話をしましたね。その難問を解決する一つの答えとして、池田会長はこの章で、日蓮大聖人を「教主」と捉える考え方を提示しています。

「宇宙と一体の仏であるゆえに、私ども一切衆生もまた南無妙法蓮華経如来の一部である。われわれ十界の衆生の生命の実相《じっそう》が南無妙法蓮華経如来なのです。

これを教えてくださったのが、日蓮大聖人です。教えてくださったのだから『教主』です。ゆえに、日蓮大聖人の仰《おお》せの通りに題目を唱えれば、その声は全宇宙に轟《とどろ》く」（下巻一六八ページ）

「教主」とは「衆生を導く教えを責任を持って説く主体のこと」であり、御書では「教主釈尊」「本因妙の教主」という言い方が繰り返しなされています。同様に、日蓮大聖人も「末法の教主」であり、そうである以上、凡夫僧《ぼんぷそう》として生きた一個の人間ではあっても、一般信徒とは異なる唯一性を持つのは当然だ、という考え方がここに示されています。

明示されてはいませんが、この部分は、前章で紹介した「大聖人もわれわれと同じ人間なのだから、大聖人だけが特別に祭り上げられるのはおかしい」とする、一部の極端な平等主義に対する返答にもなっていると思います。

ここに提示された池田会長の考え方は、「師弟不二《ふに》」の理念に呼応していると思います。創価学会や日蓮仏法が説く「師弟」は、当然のことですが、師匠と弟子《でし》の間に差別を設けるものではありません。日蓮正宗宗門に根深くある「僧侶が上、在家は下」と見る「僧俗差別主義」のような差別思想ではないのです。しかし、差別ではなくても、師と弟子の間に厳然《げんぜん》と区別はあってしかるべきでしょう。日蓮大聖人は末法の衆生を教え導く「教主」であり、そうである以上、唯一性を持っていて当然だというのが、池田会長の考えなのだと思います。

差別と区別は違う、平等な存在ではあっても、教える側と教えられる側に区別はあって当然……そのような考え方は、学会員の皆さんにはすんなり受け入れられると思います。池田会長は学会員の皆さんにとっては唯一無二の存在ですが、だからといって、会長と一般会員で、生命の尊さに差別があるわけではない。もっとわかりやすく言えば、組織の支部長や本部長などの役職者と、役職を持たない会員の間に役割の違いがあるのは当然です。信心の先輩に対する敬愛の念は自然と湧いてくるものでしょうが、それは学会組織の平等性を否定するものではないのです。学会組織は「ヒエラルキー」（ピラミッド型の階級組織構造）ではなく、〝師匠を中心として広がる同心円状の連帯だ〟と、池田会長も言っています。唯一性と平等性は、矛盾なく両立できるのです。

池田会長は、『「観心本尊抄《かんじんのほんぞんしょう》」講義』のなかで、次のように述べています。「御本尊を受持し、真剣な唱題に励む時、私どもの凡身が即、御本仏日蓮大聖人と全《まった》く等しい、無作《むさ》の三身《さんじん》とあらわれるとの仰せであります」（『池田大作全集』第二十四巻）

この一節に示されているように、一心に信心に励んでいくことによって、凡夫であっても「御本仏日蓮大聖人と全く等しい」存在となるというのが、池田会長の捉え方なのです。そう捉えることによって、法華経が説く生命の平等性と、日蓮大聖人の唯一性は両立できる。まさに「師弟不二」です。

――逆に言えば、「大聖人だけが特別に祭り上げられるのはおかしい」として、大聖人の唯一性を否定する主張は、創価学会の根本の教えの一つである「師弟不二」も否定していることになりますね。

佐藤　そう思います。その意味でも、一般の学会員さんから見たら、到底受け入れられない考え方でしょう。そうした考え方を貫こうとすれば、例えばキリスト教におけるユニテリアン主義のように、もはや別の宗派になっていくしかないと思います。

また、あまりに極端な平等主義は、人間の個性を否定するアトム（原子）的な人間観に堕《だ》してしまう危険性があります。人間は桜梅桃李《おうばいとうり》で、見た目も中身もバラバラなのが当たり前です。豆に例えるなら、ソラ豆もあればエンドウ豆もあり、インゲン豆もレンズ豆もあるのです。にもかかわらず、あたかも同サイズのソラ豆が整然と並ぶようなイメージで平等を捉えてしまうと、行きすぎた平等主義になってしまう。そうではなく、「個性豊かな豆があっても、それが育つ大地や、降り注ぐ陽光は平等だ」というふうに捉えるのが、健全な平等主義なのだと思います。

3

時間軸を超越した仏法の因果論

参院選の結果をどう見るか

――はじめに、二〇二二年七月十日に行われた参議院議員選挙の結果について、佐藤さんのご見解を伺《うかが》えればと思います。公明党については、七選挙区で全勝した一方、全国比例票では昨年（二〇二一年）の衆院選に比べて約九十三万票減らしたことを、同党の退潮傾向として報じる記事が目立ちました。

佐藤　私は公明党の退潮とは受け止めていません。比例票の推移を見れば、自民党も立憲民主党も日本共産党も、昨年の衆院選よりも大きく減らしています。その意味で、むしろ既成政党全体に対する国民の疲れのようなものが表れた結果だと思います。

また、公明党については、投票日直前の七月八日に安倍（晋三《しんぞう》）元首相が銃撃されて亡くなるという衝撃的事件が起こり、その影響も大きかったと思います。というのも、事件直後に警察から、「容疑者（山上徹也）は特定の宗教団体に恨《うら》みを抱《いだ》いており、そのために安倍元首相を狙《ねら》った」という曖昧《あいまい》な形の情報リークがあり、「それは創価学会なのではないか？」という無責任な風説がネット中心に飛び交ったからです。

実際には、容疑者が恨みを抱いていたのは旧統一教会（現・世界平和統一家庭連合）であり、創価学会はまったく関係なかったわけですが、あの中途半端なリークが人々の投票行動にかなり影響を与えたと推察されます。創価学会に対して誤ったマイナスイメージを抱いてしまい、直前で公明党に投票することをやめた人も少なくないのではないかと思います。今回、公明党には事件の〝とばっちり〟で票を減らした面も大きかったのです。

もう一つ指摘するなら、今回の選挙では新党の参政党が比例票得票率三・三パーセント、NHK党（当時）が二・四パーセント、れいわ新選組が四・四パーセントと、かなりの割合を占めています。右派と左派、両極のポピュリズム政党に、三つ合わせて一〇パーセント以上の票が流れたわけで、そのことも公明党の得票にとってマイナス要因になったと思います。

――世の中全体がポピュリズムの方向に傾いている、と……。

佐藤　はい。これは危険な傾向です。だからこそ、中道勢力である公明党が今こそいっそう頑張らないといけないのです。それから、党の退潮傾向ということで言うなら、共産党のほうがよほど深刻だと思います。共産党は昨年の衆院選の比例票が四百十六万票だったのに対し、今回の参院選は三百六十一万票。得票率は六・八パーセントにとどまり、議席も改選前より二つ減らしました。退潮傾向に歯止めがかかりません。百年の歴史を持つ共産党が、設立四年目のれいわ新選組に、得票率ではすぐ後ろ

参議院選挙の結果（2022年6月22日公示／7月10日投開票）

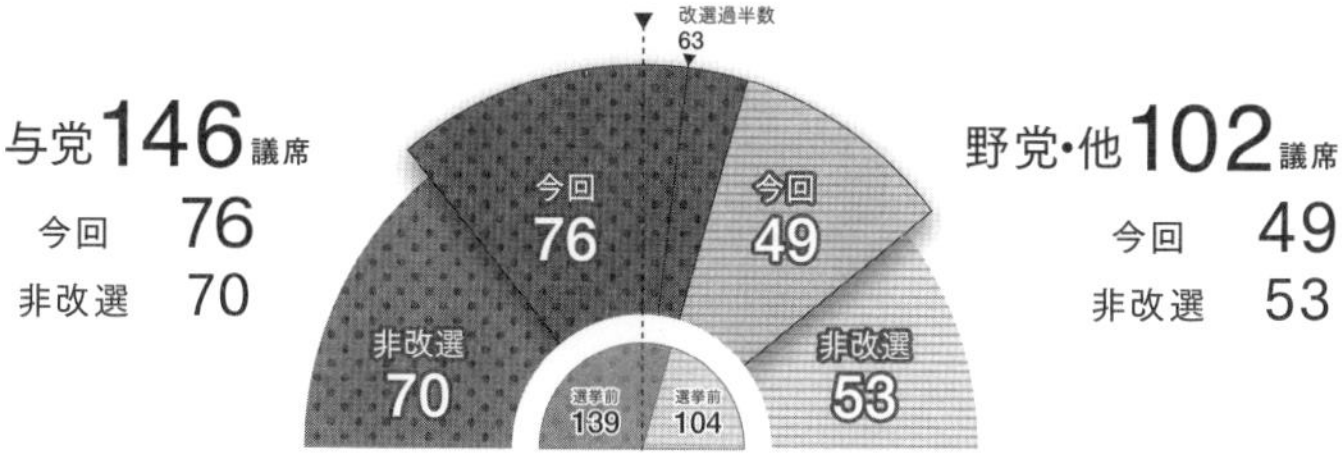

党派	自民	公明	立民	維新	国民	共産	れいわ	社民	N党	ファ	新風	幸福	ごぼう	参政	くに	第一	諸派	無	合計
今回	63	13	17	12	5	4	3	1	1	0	0	0	0	1	0	0	0	5	125
選挙区	45	7	10	4	2	1	1	0	0	0	0	0	–	0	0	0	0	5	75
比例代表	18	6	7	8	3	3	2	1	1	–	0	0	0	1	0	0	–	–	50
非改選	56	14	22	9	5	7	2	0	1	0	0	0	0	0	0	0	0	7	123
新勢力	119	27	39	21	10	11	5	1	2	0	0	0	0	1	0	0	0	12	248
改選	55	14	23	6	7	6	0	1	0	0	0	0	0	0	0	0	0	8	120
選挙前勢力	111	28	45	15	12	13	2	1	1	0	0	0	0	0	0	0	0	15	243

NHK「参議院選挙2022特設サイト」をもとに作成

にまで迫られているのです。

退潮への焦《あせ》りが、テレビの「ミヤネ屋」（日本テレビ系）に対する強硬な抗議などに表れています。旧統一教会の問題について、共産党が国会でこれまで取り上げてこなかったとするコメンテーターの発言（二〇二二年七月二十二日の放送）について、「公党の名誉を毀《き》損《そん》する誹謗《ひぼう》だ」として謝罪・訂正を求めたのです（番組側は謝罪せず、訂正のみをした）。そこまで目くじらを立てるほどのコメントだったとは思えませんが……。

――佐藤さんは七月に『日本共産党の100年』（朝日新聞出版）という作品を出されましたし、池上彰さんとの対談による「日本左翼史」シリーズ（講談社現代新書）でも、一貫して共産党に批判的です。そのことに対して、共産党から反応は？

佐藤　一切ありません。事実に基づいて批判しているので、反論したらやぶへびだと考えているのかもしれませんね。

献金は信徒の「義務」ではなく「権利」

――それと、安倍元首相銃撃事件の余波として、旧統一教会への批判が高まっていますが、そのことが正当な批判の枠を超えて、宗教弾圧につながりかねない危険な空気になってきていますね。

佐藤　私もその危険性を強く感じていて、『毎日新聞』「政治プレミア」に「信教の自由と献金」という論考を寄稿しました（二〇二二年八月二日付）。旧統一教会に限らず、宗教団体が違法な手段や反社会的な形で献金を集めていたとしたら、そのことは非難されてしかるべきです。しかし、事件以降の世論や一部論者の言説には、宗教団体が献金を受けること自体を問題視した批判が散見されます。これは、非常に危険な傾向です。

例えば、日本維新の会の松井一郎代表（二〇二二年八月からは馬場伸幸代表）は、秋の臨時国会に、宗教団体などへの寄付金に対し、所得に応じて上限を設ける法案を提出する意向だと、七月二十七日に報じられました。そんな法案が万が一にも通ってしまったら、そのこと自体、信教の自由に対する重大な侵害です。仮に法案が通ったなら、その次は「上限を超えていないかどうかチェックするから、帳簿を見せろ」という話になっていくでしょう。宗教弾圧の危険な萌芽《ほうが》がそこに生まれるのです。しかし、そのような危険性を理解している人は少ないようです。むしろ、山上容疑者の家庭が母親による旧統一教会への多額献金で破産したことから、法案を歓迎する声すら目立ちます。

私はキリスト教徒として、所属する教会にしばしば献金をしています。毎月一定額の献金をしていますし、クリスマス、イースター（復活祭）、ペンテコステ（聖霊降臨祭）などにも、それぞれ特別の献金をします。また、例えば個人的に大きな手術をした場合、無事に成功したら、そのことを神に感謝する意味で、やはり特別な献金をします。私の信仰者としての生活のなかで、教会への献金は重要な位置を占めています。

なかには、教会建設のために多額の献金をしたり、自分の持っている土地を寄贈したりする人もいます。教会は、そのような信徒からの献金に支えられているからこそ、自主的な運営が成り立っています。

信徒の自由意思に基づいて献金する権利が保障されることは、信教の自由を担保するためにも根源的に大切なことです。日本の場合、宗教団体は国家から分離されて財政上の公的支援は憲法で禁止されていますから、宗教団体が財政基盤を自《みず》ら持ち、自立して運営するしかありません。そのための土台となるのが、自由意思に基づく信徒の献金なのです。

教会に所属する信徒のなかには、年間数百万円も献金する人もいます。しかし、献金額を知っているのは会計係と牧師くらいですし、金額によって扱いに差が生じることは決してありません。長い伝統を持つ世界宗教なら、どこでもそうでしょう。

そして、献金は信徒としての義務というより、むしろ「信徒としての権利」なのです。そこのところがわかっていない日本人が多いので、「お金を巻き上げられる」ようなイメージで捉《とら》えられてしまっている。寄付金に上限を設ける案は、信教の自由に土足で踏み込む暴論と言えます。

旧統一教会の献金を巡って、違法・脱法行為などがあるなら、事案に応じて刑事責任や社会的責任を追及し、再発防止措置を講じればよいことです。ごく一部の反社会的事例の話を宗教全体の話にすり替えて、献金自体を危険視するのは暴論です。それは宗教の根幹がわかっていない人、あるいは宗教を敵視している人の言うことです。

例えば、創価学会独自の献金制度である年一回の「財務」は、無理のない形で、会員の自由意思に基づいて行われています。会員本人が財務に参加したいと思っても、会生活保護受給者は参加できないなど、歯止めもきちんと設けられているようです。上限を政府から強制されるまでもなく、教団自体が常識的な範囲での歯止めをきちんとかけているのです。財産をすべて巻き上げるような教団の金集めと一緒くたにされてしまっては、たまったものではないでしょう。

マスコミを挙げて、宗教団体への献金が後ろめたいものであるかのように報じるのは、大変危険なことです。もしかしたら、創価学会の皆さんのなかにも、一連の報道によって、財務に対して萎縮《いしゅく》する気持ちが生まれているかもしれません。ネガティブな気持ちになる必要は微塵《みじん》もないということを、この場を借りて強調しておきたいと思います。

政教分離への誤解は民主主義を揺るがす

――安倍元首相銃撃事件に端《たん》を発した献金の問題視は、すべての宗教団体が被《こうむ》った

「とばっちり」と言えそうですね。そして、とばっちりと言えば、政教分離への誤解から、創価学会の政治参加を危険視する言説もネット上などに飛び交いました。

佐藤　かつて、オウム真理教事件に際して、オウムに事寄せて創価学会まで危険視する記事がたくさん出たことがありました。あたかもその再来のように、今回は旧統一教会に事寄せた創価学会バッシングが、一部でなされています。創価学会に旧統一教会のような反社会性はないわけで、とばっちりでしかありませんが、その背景にはまさに政教分離への誤解があります。

政教分離原則については、二つの考え方があります。一つは、「宗教は内面的信仰に限定され、政治に関与すべきでない」という考え方で、これは旧ソ連や北朝鮮、今の中国が採っている解釈です。もう一つは、「政教分離原則は、国家が特定の宗教や宗教団体を優遇もしくは忌避《きひ》することを禁止したもので、宗教団体が自らの価値観に基づいて政治活動を行うことを認める」という考え方です。アメリカや日本など、多くの民主主義国家がこちらを採用しています。

ところが、どういうわけか日本では、旧ソ連型の政教分離観を持ってしまっている人が非常に多いですね。それは、「宗教団体は政治に関わるべきではない」という考え方で、旧統一教会と創価学会を一緒くたにする極端な見方も、そこから生まれてくるわけです。

ドイツには「キリスト教民主同盟」（ＣＤＵ）という宗教的価値観を基盤にした政党があり、長らく与党の地位にあったなど、強い影響力を持っています。そのことが示すように、アメリカ・日本型の政教分離観のほうが世界では主流であり、「宗教団体は政治に関わるな」という政教分離観は、むしろ特異です。にもかかわらず、日本国憲法とも相いれないその特異な政教分離観のほうが、日本には蔓延《まんえん》してしまっています。

公明党は、一九九三年の細川（護熙《もりひろ》）連立内閣のときに初めて与党になりました。その頃、下野《げや》していた自民党が中心になって、「公明党の政権入りは政教分離原則に反する」という、いわゆる〝政教一致批判〟キャンペーンが大々的になされたのです。それを機に政教分離を巡る論争が起きて、国会にまで持ち込まれました。

そのときには内閣法制局長官が国会答弁で〝公明党の政権入りは憲法違反には当たらない〟旨を明言して、論争は決着したのです。ところが、それから三十年近くがすぎた今、またぞろ公明党の政権参加自体を問題視する誤った主張が蔓延している。日本人の政教分離に対する誤解は、実に根深いと言えます。

それは、江戸時代の「檀家《だんか》制度」が象徴するように、日本では宗教が長い間政治権力に従属する存在だったからかもしれません。あるいは、戦後日本の知識人の多くが、旧ソ連から強い影響を受けてきたことの反映かもしれません。いわば「ソ連の亡霊」が、歪《ゆが》んだ政教分離観のなかに生きているわけです。いずれにせよ、日本に蔓延した政教分離への誤解は、民主主義の土台を揺るがす由々《ゆゆ》しき問題だと思います。

トクヴィル（フランスの思想家）は、主著『アメリカのデモクラシー』のなかで、アメリカの民主主義を支えている重要な要素として、教会が「中間団体」（アソシエーション）として大切な役割を果たしていることを指摘しました。中間団体は国家と個人の間をつなぐ存在で、そこが豊かであってこそ、民主主義は健全に機能します。そして、宗教団体は代表的な中間団体であり、民主主義の土台を支える大切な役割を果たしているのです。
宗教団体の政治参加の否定は、そうした中間団体の役割をも否定するものです。宗教否定のイデオロギーを持つ共産主義国ならともかく、民主主義国家ではあり得ない暴論と言えるでしょう。にもかかわらず、そのような暴論がネット空間に蔓延している現状を、私は憂《うれ》えるものです。

池田会長に見る量子力学的な発想

——それではここから本題に入ります。今回は、「如来神力品《にょらいじんりきほん》」の章にある「本因妙《ほんいんみょう》」と「本果妙《ほんがみょう》」という難解なテーマに関係して、因果をどう捉えるかという議論が展開されていく箇所に光を当てたいと思います。

佐藤　「原因があって、その後に結果が生ずる」というのが通常の因果論ですが、仏教の因果論は、そのような時間的な前後関係にはとらわれない自在なものですね。法華経では「因果倶時《ぐじ》」の法理が説かれています。ここで言う「因」とは、成仏《じょうぶつ》の原因となる修行や、その段階にある九界の衆生《しゅじょう》の生命境涯《きょうがい》を指します。「果」とは仏果《ぶっか》（成仏という結果）や仏界の生命境涯を指します。

爾前経《にぜんきょう》（法華経以前の諸経）では、何度も生まれ変わって長遠《ちょうおん》な修行を積み重ねた結果として成仏に至ると説かれました。そのような「因果異時《いじ》」の教えに対して、法華経では正法に帰依《きえ》して修行すればただちに成仏できるとする「因果倶時」――原因と結果が同時に生ずる成仏が説かれます。日蓮仏法、創価学会の教学においても、因果倶時は重要なキーワードとなります。

私が学んだ同志社大学神学部では、仏教についても三年を費《つい》やして深く学びました。そのなかのアビダルマ（阿毘達磨倶舎論《あびだつまくしゃろん》）講義で、私は初めて時間軸を超越した仏教の因果観に触れました。

〝船が難破して乗客の大部分が死んだが、一人だけ助かった。なぜかと言えば、その一人は後年に悟《さと》りを開いたからだ〟――そんな説話を学んだのです。つまりそこでは、命を救われた原因が未来にあるわけです。常識とは因果が逆転している。その不可思議を説明するため、教授がこんな例え話をしたことを覚えています。「ループしているビデオテープのある一点は、前とも後ろともつながっている。同じように時間も円《えん》環《かん》を描いていると考えれば、因果律の逆転も理解できるだろう」——教授はそう説明してくれました。後に知ったことですが、それとよく似た説明を哲学者の廣松渉《ひろまつわたる》も著作のなかでしています。

ただし、時間軸を超越しているとはいえ、仏法は因果を無視しているわけではありません。そのことについて、池田会長は次のように言われています。

「『宇宙と一体の無始無終《むしむしゅう》の根本仏《こんぽんぶつ》』を説くためには、二つの方法しかない。一つは、因果を無視することです。因とか果とか言わなければ、たんに『無始無終の仏』と言っておけばすむ。因果を言うから、『仏果を得る前』が問題になるのだから。

しかし、因果を無視したのでは仏法ではなくなってしまう。因果を説くからこそ仏法なのであって、因果を無視すれば外道《げどう》です。なかんずく『仏因』『仏果』が、仏法のメーンテーマです。大乗仏教そのものも、釈尊《しゃくそん》滅後、釈尊を仏にならしめた『仏因』

は何だったのか、その探究がテーマだったと言えるのではないだろうか」（下巻一七九ページ）

ここは大変重要な指摘だと思います。「無始無終の永遠の仏」というと、われわれはつい、因果を超越した存在をイメージしてしまいます。しかし、この章で池田会長は、そうではない形で「永遠の仏」を説明されている。法則性の宗教である仏教の作法に則《のっと》って、整合性があってわかりやすい説明をしているのです。

――法華経に説かれる「永遠の仏」と仏教の因果論に、どう整合性ある解説を加えるかは、昔から仏教探究の大テーマになってきました。例えば中国の天台《てんだい》は、「五百塵《ごひゃくじん》点劫《てんごう》」の昔という、想像を絶するほど長遠な過去を設定することによって、その整合性をつけました。しかし、それでは仏ではないものから仏に転じた瞬間があったことになり、真に永遠の仏とは言えません。他にも、いくつかの思考実験がなされてきました。

佐藤　なるほど。池田会長の「永遠の仏」論は、それらのどれにもあてはまらない独創的なものですね。私は『法華経の智慧《ちえ》』を読んでいて時々感じるのですが、池田会長には量子力学的な発想があるように思います。つまり、古典的なニュートン力学的発想ではなく、ハイゼンベルク（ドイツの理論物理学者。「不確定性原理」の提唱などによって量子力学の基礎を築いた）以降の現代物理学の基礎を踏まえた上で、世界を捉えているように思うのです。そのことが、因果を論じる姿勢にも反映されているのではないでしょうか。だからこそ、時間軸を超越した発想が自在にできるのでしょう。

いわゆる「戸田大学」（若き日の池田会長に対する戸田第二代会長による個人教授）においても、科学の最先端の書物が刊行直後にテキストとして用いられたという逸話があります。また、アインシュタインが来日したときには、戸田会長は牧口常三郎《つねさぶろう》初代会長に同行して講演を聴きに行っています。そのような人が師であったのですから、池田会長も若き日から物理学の最先端に関心が強かったはずです。その蓄積が、仏法の研鑽《けんさん》を深めるためにも役立っているのでしょう。

4

仏法者は世界に対して責任を負う

「宗教二世」批判に潜む危うさ

――前章で詳しく論じていただいた、旧統一教会批判に事寄せての浅薄な宗教批判が、拡大しています。そこで、本題に入る前にあらためて少し触れていただければと思います。

佐藤　旧統一教会の反社会的行為は厳しく批判されてしかるべきですが、それがいつの間にか宗教全般への非難にすり替わっている危うさを、相変わらず感じます。どんな宗教を信じようと、それが他者への人権侵害や不法行為などに結びつかない限り、教えの中身をあげつらって批判すべきではありません。それは旧統一教会に対してもしかりです。

私が特に問題だと思うのは、事実に基づいた批判以前の、宗教に対する「揶揄《やゆ》」がマスコミに蔓延《まんえん》している点です。人が真剣に信仰している対象や、深く尊敬している宗教指導者を揶揄したり、笑いのネタにされたりすることは、信仰者の心を傷つけます。創価学会の皆さんの場合、師である池田ＳＧＩ会長を揶揄されたら、深く傷つき、怒りを覚えるでしょう。

ところが、日本のマスコミには宗教について知らない人や、宗教を蔑視《べっし》しているような人も多いので、平気で揶揄してきます。それはとても悪い傾向です。旧統一教会に対しても、その反社会性に対する批判は当然必要ですが、あの人たちの信仰そのものを揶揄すべきではありません。信仰に対する揶揄は、それ自体が重大な人権侵害なのだという認識が、日本社会にもっと広まらないといけないと思います。

銃撃事件の現場となった風刺週刊紙シャルリー・エブドの本社近くには、多くの花が手向けられた（2015年1月14日、フランス・パリ）（EPA＝時事）

——そういえば、フランスの風刺新聞本社がイスラム過激派に襲撃されて十二人が殺害された「シャルリー・エブド襲撃事件」（二〇一五年）も、ムハンマドを揶揄する風刺画の掲載がきっかけになりました。

佐藤　そうでした。もちろん、テロ行為や暴力は厳に否定されるべきですが、揶揄が信仰者を深く傷つけ、敵愾心《てきがいしん》を煽《あお》ることを、特にマスコミ関係者は肝《きも》に銘《めい》じておくべきでしょう。

——それから、安倍晋三《しんぞう》元首相への銃

撃事件以後、旧統一教会の問題にからめて盛んに取り沙汰《ざた》されているのが、いわゆる「宗教二世」批判です。

佐藤　その点についても、マスコミの取り上げ方には大いに問題があると感じています。安倍元首相を銃撃した山上徹也容疑者がたまたま旧統一教会の熱心な信者を母に持っていたことから、宗教二世であること（ただし、山上容疑者自身は旧統一教会に入会していなかったとされる）それ自体が、何か「良からぬこと」でもあるかのように批判する論調が目立つからです。

家庭内における信仰の継承は、どんな宗教であれ、決定的に重要な問題です。キリスト教であれ、創価学会であれ、子を持つ親は誰しも、自分の信仰をいかにわが子に継承してもらおうかと、心をくだき、努力を重ねるものです。「子どもにも『信教の自由』がある」なんてことは、マスコミに言われるまでもなく当たり前の、大前提となる話です。まともな信仰者であれば、わが子に対しても「信仰の強要」なんてしません。

そもそも、信仰心というものは、誰かに強要されて芽生えるようなものではありません。信仰者であれば、そんなことは自分の心に照らしてよくわかっているでしょう。信仰を持つ親たちが悩み、努力し、気遣いを重ねて、それぞれの家庭で真剣に世代間継承に取り組んでいます。それを全否定して、宗教二世であること自体が後ろめたいことであるかのように言う。一部マスコミのそうした姿勢こそ、「信教の自由」の侵害につながると思います。

安倍元首相銃撃事件以後、日本社会には、信仰の家族内継承自体を否定するような風潮が広まっています。これは由々《ゆゆ》しき問題で、今のままでは、宗教否定のイデオロギーを持っていた旧ソ連のような社会になりかねない。「信教の自由」が保障される民主主義国にはあるまじきことです。

前章で、「日本には旧ソ連型の極端な政教分離観が蔓延している」と指摘しましたが、宗教二世批判もそれと同根です。ここにも、「旧ソ連型の無神論の亡霊」が徘徊《はいかい》しているのです。前回指摘した献金問題（宗教団体への献金自体をやみくもに危険視する傾向）と、宗教二世批判——この二つは、「信教の自由」の根幹を揺るがしかねない危険水域に入っていると感じます。マスコミの一連の報道は、その危険性についてあまりにも無自覚です。

池田会長と「大正教養主義」

――さて、それでは本題に入ります。「如来神力品《にょらいじんりきほん》」の章では、日蓮本仏論を巡って、さまざまな角度から語らいが展開していく部分が、さらに続きます。

佐藤　今回学ぶ箇所で私が強い印象を受けたのは、次の一節です。

「『完全なる仏』というのは想定はできるが、現実には『目標』にすぎない。つまり、凡夫《ぼんぷ》という『九界』を離れた『仏』は実在しない。三十二相の〝仏様らしい〟仏は、実在しないのです。仏とは現実には『菩薩《ぼさつ》』の姿以外にない。『菩薩仏』以外の仏はないのです。（中略）

もちろん、実在しないと言っても、それは凡夫が目《ま》の当たりに拝することはできないという意味です。生命には厳然《げんぜん》と『仏界』がある。しかし、仏界は『九界』を離れては現れないのです」（下巻一八五～一八六ページ）

これは、キリスト教におけるキリスト論によく似ています。私たちキリスト教徒にとっても、神は直接目には見えません。しかし、イエス・キリストという、「まことの神であり、同時にまことの人間である」受肉《じゅにく》した存在を通じることによってのみ、信徒は神について知ることができる……そういう考え方になるのですが、神と仏を置き換えてみれば、共通する構成になっていることがわかるでしょう。創価学会とキリスト教が似ているというよりも、世界宗教は必然的に共通した構成になっていくのかもしれません。

――つまり、イエス・キリストは、ここで言う「菩薩仏」に近い存在である、と……。

佐藤　そういうふうに捉《とら》えてもいいと思います。

――佐藤さんに『法華経の智慧《ちえ》』を読み解いていただくことで、普段気づきにくい角度から光を当てることになって、とても有意義です。

佐藤 そうでなければ、外部識者として『法華経の智慧』を論ずる意味がありませんからね。

――前章の、「池田会長には量子力学的な発想がある。それは、科学の最先端にも強い関心を向けていた戸田第二代会長の影響だろう」というお話も新鮮でした。

佐藤 その点について、少しつけ加えておきます。私は月刊『潮』で池田会長の『若き日の読書』を読み解く連載（「池田思想の源流――『若き日の読書』を読む」）をやっていますが、それを通じて気づいたのは、会長の青年時代の読書傾向は、当時の一般的青年層のそれとは少しズレているということです。一つ上の世代の、いわゆる「大正教養主義」に近い傾向が感じられるのです。

つまり、戦後に教育が大衆化する以前の、まだ教養が限られた一部の人々のものだった時代の知的な世界が、そこにはある。それはある意味で、日本の近代史における知的なピークでもありました。昭和に入ると軍国主義化が少しずつ進んでいくわけですが、それ以前の、リベラル色が強かったピュアな教養主義が、大正期に開花しました。

池田会長は、師である戸田会長からさまざまなことを学ぶなかで、大正教養主義の良質な部分を受け継いでいます。そしてそれを、民衆にわかりやすい形で語り直している。したがって、池田思想の特徴を論ずる上でも、大正教養主義からの影響は一つの重要なテーマになり得るでしょう。

この章のテーマに引き寄せて言うならば、教養・学知をインテリの独占物にしておくのではなく、民衆にわかりやすい形で語り直してこられた池田会長の著述活動は、ある意味で大正教養主義に近いと言えます。大正教養主義は「大正デモクラシー」と重なり合い、響き合うものであり、民衆への啓発という視点がそこにはありました。

そして、池田会長にとって、さまざまな知的世界の民衆への啓発は一種の「菩薩行」なのかもしれません。菩薩にとって、難解な仏の智慧を民衆にわかりやすく説くことが菩薩行の一つであるように……。

この『法華経の智慧』という書物自体がそうですね。法華経研究や、科学などの最先端の成果、そして刊行当時は現在進行形であった宗門（日蓮正宗）との関係の変化などを、いかにわかりやすく民衆である創価学会員に伝えていけばよいか——そのための努力と工夫の結晶でもあるのです。

決意を持続させるための仕組み

佐藤　今回学ぶ箇所でもう一つ印象的だったのは、次の箇所です。

「『久遠元初《くおんがんじょ》』とは『無始無終《むしむしゅう》の生命』の異名です。時間論ではなく、生命論です。生命の奥底の真実——無始無終に活動し続けている宇宙生命そのものをさして『久遠元初』と呼んでいるのです。（中略）『久遠』とは『南無妙法蓮華経』のことです。御本尊のことです。だから、御本尊を拝する、その瞬間瞬間が『久遠元初』です。

私どもは、毎日が久遠元初なのです。毎日、久遠元初の清らかな大生命を全身にみなぎらせていけるのです。毎日が久遠元初という『生命の原点』から新たな出発をしているのです」（下巻一八一〜一八二ページ）

「久遠元初」というと、〝想像を絶するほど長遠《ちょうおん》な過去の、時間の始まり〟というイメージを抱《いだ》いていた人が、学会員の皆さんのなかにも多かったのではないでしょうか。池田会長はここで、そのイメージを根底から覆《くつがえ》したのです。この部分の小見出しが、「『毎日』が『久遠元初』！」であることは象徴的です。

学会員の皆さんが毎日、朝晩の勤行《ごんぎょう》をされるときに仏壇に向かい、御本尊を拝する。そのとき、実は久遠元初の「生命の原点」に向き合う荘厳《そうごん》な儀式をしているのだと、池田会長は喝破《かっぱ》されたわけです。

言い換えるなら、ここで池田会長は、「久遠元初とは遠い過去の話である」という先入観を根本から断ち切ったのではないでしょうか。実際、会長は続けて次のように言われています。

「だから『今』がいちばん大事なのです。『過去』を振り向いてはいけない。振り向く必要もない。未来への希望を大いに燃やして、この『今』に全力を注いで生きる。その人が、人生の賢者です」（下巻一八二ページ）

キリスト教徒であれ、創価学会員であれ、信仰者は、強い決意をしては生活に疲れてそれが揺らぎ、また決意し直すというプロセスを何度も何度も繰り返します。人間の心は移ろいやすくて弱いものですから、一度の決意が同じ熱量でずっと続くことはあり得ません。だからこそ、決意を持続させるための仕組みが大切なのだと思います。世界宗教にはそのための仕組みがちゃんと用意されています。学会員の皆さんにとっては、日々の勤行・唱題がその大切な一つなのでしょう。だからこそ、久遠元初という「生命の原点」と向き合うその儀式が、「『今』に全力を注いで生きる」ためのものでなければならないのだと思います。

――「私は青年時代、こんなに戦った」とか、過去のことにばかり目を向け、今どんなふうに頑張っているかは語らないし、語れない。そういう生命の傾向は、『今』がいちばん大事」という池田会長の思想とは、相いれないかもしれませんね。

佐藤　そう思います。それは創価学会に限らず、あらゆる宗教に通ずる話だと思います。逆に言えば、決意や誓いは揺らぎがちだからこそ、繰り返し決意し直し、土を踏み固めていくように少しずつ強固な決意にしていくことが大切なのでしょう。それこそが宗教人としてのよき生き方だと思います。池田会長は、久遠元初の解説を通じてそのことを教えておられるのでしょう。

「人間主義の仏法」とは何か

佐藤　今回学ぶ部分の最後の見出しは、「『人間』以外に『仏』はない」（下巻一八四ページ）というものです。冒頭で引いた「仏とは現実には『菩薩』の姿以外にない」という一節が出てくる箇所ですが、この部分は実に池田会長らしい展開だと感じます。ここで、池田会長は「人間主義」の立場からの日蓮本仏論を語られているからです。例えば、次のような一節があります。

「**『人間』以外に『仏』はないのです。『人間以上』の『仏』は、にせものなのです。方便《ほうべん》なのです。だから、人間らしく、どこまでも人間として『無上《むじょう》の道』を生きていくのが正しい。その人が『仏』です。それを教えているのが、法華経であり、神力品の『上行《じょうぎょう》菩薩への付嘱《ふぞく》』には、そういう『人間主義の仏法』への転換の意義が含まれているのです**」（下巻一八七ページ）

本書でも繰り返し指摘してきましたが、池田会長の思想を特徴づける最重要キーワードの一つに「人間主義」があります。私の理解では、牧口初代会長の思想を一語に集約すると「価値論」になり、戸田第二代会長の思想を集約すると「生命論」になります。そして「価値論」と「生命論」を総合したものが池田会長の「人間主義」なのだと思います。もちろん、三つとも法華経と日蓮仏法の現代的展開であることは言うまでもありません。

——はい。

佐藤　そして、人間主義の立場に立つからこそ、創価学会は公明党を通じて活発な政治参加もしている、というのが私の理解です。前回論じたとおり、日本には政教分離原則に対する歪《ゆが》んだ理解が蔓延していますから、政治から距離を置いたほうが、創価学会の一般的イメージはよくなるかもしれません。

しかし、「人間主義の仏法」である以上、政治から離れることはできないのです。なぜなら、「人間主義の仏法」とは、さまざまな苦悩を抱えた人間の海に飛び込んで、彼らを救済していこうとする菩薩行こそ仏の証《あか》しと捉えるからです。人間の苦悩を解決し、幸せにするためには、政治という営みから目をそらすわけにはいきません。だからこそ、学会員の皆さんの広範な活動のなかには、必然的に政治活動も含まれる。

言い換えれば、法華経、ひいては日蓮仏法を奉《ほう》じる仏法者は、「この世界に対する責任」を負うのです。「政治みたいな面倒くさいことには、できることなら関わりたくない。そのほうが気楽だ」と思っている学会員さんもいるかもしれませんが（笑）、仏法者として「この世界に対する責任」を負っている以上、政治にも関わらざるを得ないのです。その責任感を理解するためにも、「人間主義の仏法」について論じたこの章は重要だと思います。

――創価学会の政治参加について語られるとき、「教勢拡大」とか「権力奪取」とか、果ては「日本支配の野望」だとか、非常に低俗で浅薄な捉え方をされることがよくあります。そうした見方に対して、「この世界に対する責任感」という言葉はとてもしっくりきます。

佐藤　池田会長の「人間主義の仏法」という思想は、「二十世紀最大のキリスト教神学者」と呼ばれるカール・バルトの思想と相通じます。端的《たんてき》に言えば、ヒューマニズムというものの捉え方がよく似ているのです。

その共通性がよくわかる本として、務台理作《むたいりさく》（哲学者）の『現代のヒューマニズム』（岩波新書）を一読されることをお勧めします。一九六一年に刊行された古い本で、入手しにくくなっていますが、図書館にはあるでしょう。同書で務台は、ルネサンス期の「貴族的ヒューマニズム」や、近代に成立した「個人主義ヒューマニズム」ではない「第三のヒューマニズム」として、「人類ヒューマニズム」がこれからは大切だと論じています。そして、そのなかでバルトによるヒューマニズム批判についても言及しているのです。

——バルトが批判したのは、「人類ヒューマニズム」ではないヒューマニズムなのですね？

佐藤　そのとおりです。バルトは旧来的な「人間中心主義」としてのヒューマニズムを、ナチズムさえもそこから生まれたと捉えて否定しました。そしてその上で、〝唯一肯定し得るヒューマニズムがあるとすれば、それはキリスト教信仰から生まれた

「神のヒューマニズム」である〟と論じたのです。

池田会長の「人間主義」も、単に「ヒューマニズム」と訳してしまったら、その意味するところがまったく伝わらないでしょう。それは日蓮仏法を介したヒューマニズム、いわば〝仏法ヒューマニズム〟であるからです。バルトの言う「神のヒューマニズム」は、池田会長の言う「人間主義の仏法」と深く響き合います。それは信仰を踏まえた上で人間を重視する、まさに「第三のヒューマニズム」なのです。

5

「日蓮本仏論」と世界宗教性

「世界観型の宗教」を巡る誤解

――安倍晋三《しんぞう》元首相銃撃事件に端《たん》を発した、旧統一教会を巡る騒動が、政界を巻き込んで拡大を続けています。そこで、本題に入る前に今の言論状況についてご意見を伺《うかが》えればと思います。

佐藤　一連の問題が、「政治と宗教」の関係を巡る議論と見なされているという状況それ自体が、まず間違っていると私は思います。

——前にお話しいただいた、政教分離原則を巡る日本人の根深い誤解が、そこにはあるのですね。

佐藤　はい。その誤解の背景の一つとして、日本では「世界観型の宗教」が少数派であるという事情があります。「世界観型の宗教」とは、「その信仰が信徒の全生活を律する基準となっている」宗教を指します。つまり、その教えが信徒の世界観そのものになっている宗教です。反対に、「心の平静を得るための宗教」のように、人間の内面に限定する宗教もあります。宗教はその二類型に大別できるのです。

後者の場合、宗教との関わりは「困ったときの神頼み」に近い限定的なものとなり、政治についても自分の宗教とは切り離して考えます。一方、「世界観型の宗教」の場合、政治だけを自分の信仰生活から除外することはできません。政治も世界観の重要な一領域であるからです。したがって、「世界観型の宗教」はおのずと政治に関与するようになります。

キリスト教もイスラム教も「世界観型の宗教」ですから、宗派によって濃淡はあるものの、原則的に政治に関与することになります。ドイツで「キリスト教民主同盟」（CDU）が長年与党の地位にあったことは、その代表例と言えるでしょう。

創価学会も、もちろん「世界観型の宗教」です。しかし、日本では人の内面に限定された宗教が主流なので、「世界観型の宗教」の政治への関与に対する無理解が生じやすい。「宗教は政治に関わるべきではない」という偏《かたよ》った意見が正論として受け止められがちなのです。

もう一点指摘するなら、日本では、〝宗教の顔をしていない宗教〟が「世界観型の宗教」の代わりになっている面があります。例えば、〝拝金教〟や〝出世教〟、〝ナショナリズム教〟です。また、〝出世教〟のバリエーションとして〝学歴教〟や〝偏差値教〟もあります。それらはもちろん一般的な意味での宗教ではありませんが、実質的にはその人が信ずる宗教になっています。例えば、〝拝金教〟の信者は金儲《もう》けを人生の目的に据え、お金のあるなしで人を判断するのですから、お金という価値が世界観を決定づけているのです。そういう似非《えせ》宗教がはびこっているからこそ、「世界観型の宗教」が主流にならない面がある。議論に歪《ゆが》みが生じている第一の理由は、多くの日本人にとって「世界観型の宗教」に馴染《なじ》みがなく、理解が乏しいという点にあるのです。

「信教の自由」への無理解があらわに

佐藤　また、「政治と宗教」を巡る議論が歪んでいるもう一つの大きな理由として、日本には「信教の自由」への無理解がはびこっていることが挙げられます。

例えば、今回の事件を機に、宗教法人への献金に上限規制を設けようという提案がなされ、政治家や知識人にもそれに賛意を示す人が少なくありません。しかし、これは「信教の自由」の根幹に抵触《ていしょく》する話です。上限規制を設けて宗教法人にそれを遵守《じゅんしゅ》させるということになれば、教団は財務状況を公開しなければならなくなり、誰が高額献金者であるのかも明らかにしなければなりません。公金が入っているわけでもない、一般信徒の「喜捨《きしゃ》」である献金について献金額を明かせというのは、「信教の自由」の侵害以外の何物でもありません。

――以前（本書第三章）のお話のなかでも、「ごく一部の反社会的事例の話を宗教全体の話にすり替えて、献金自体を危険視するのは暴論です」というご指摘がありましたが、そうした「暴論」が相変わらず目立ちます。

佐藤　そうですね。旧統一教会と政治家の癒着《ゆちゃく》を、「政治と宗教」の問題と捉《とら》えるべきでありません。それは「政治倫理」の問題なのです。

――と、おっしゃいますと？

佐藤　政治家たる者、違法行為や社会通念に反する行為を日常的に行っているような団体と、支持・協力関係を結ぶつき合いを続けるべきではありません。公人なのですから当然です。相手が宗教団体であるからではなく、相手が企業であってもNPO法人であっても同じことです。それは「政治とカネ」と同様に、政治家側の倫理観が問われる問題なのです。にもかかわらず、「政治と宗教」の問題として議論しようとするから、ねじれが生じています。

それから、自民党が所属議員に対して行った、旧統一教会との接点に関する調査について、私は強い違和感を覚えています。というのも、教団広報誌に一度インタビューが載ったとか、頼まれて祝電を送ったことがあるとか、ほんのわずかな接点しかない議員まで調べ上げて槍玉《やりだま》に上げているからです。それは、「祖父の代から教団の選挙支援を受けています」というような協力関係とは、次元の違う問題であるはずです。旧統一教会との関係にもグラデーションのような濃淡があるのに、デジタル的に「0か1か?」で判断して、0でない人は全員糾弾《きゅうだん》するやり方はおかしいと思います。

そもそも、与党議員であっても「内心の自由」は保障されているわけで、「あなたは旧統一教会の施設に行ったことがありますか? 会合に参加したことがありますか？」などと質問して、回答を公表するのは問題だと思います。就職試験で「あなたは共産党員ですか？」とか「創価学会員ですか？」と聞いてはいけないし、聞かれても答える必要はないのと同じことです。

自民党の調査自体が「内心の自由」を侵害するような危ういものなのに、その危険性を指摘する声はほとんどなく、むしろ「調査が手ぬるい」などとする意見が目立ちます。そんなところにも、日本の「信教の自由」への無理解が感じられてならないのです。

――その無理解も、やはり政教分離への無理解と地続きですね。

佐藤 そのとおりです。本書の第三章でそのことに触れたとき、私は二つの政教分離観について述べました。一つは「国家による特定宗教の優遇や忌避《きひ》は禁ずるが、宗教団体の政治関与は認める」という考え方。もう一つは「宗教は政治に関与すべきではない」とする考え方です。そのとき、前者をアメリカ・日本型と呼び、後者を旧ソ連・北朝鮮・中国型と呼びました。でも、後者は「フランス型」と呼んでもいいのです。

フランスは先進的な文化国というイメージが強いので、かの国の極端な政教分離原則についても、「先進的だ」と思っている人が多いでしょう。しかし実は、旧ソ連のそれに近い、古いタイプの政教分離とも言えるのです。旧ソ連・中国型の政教分離観は、マルクス・レーニン主義から生まれたものです。そして、そもそもマルクス主義という思想自体がフランス革命の影響を強く受けていますから、フランスと旧ソ連の政教分離観が似ているのも当然なのです。

つけ加えるなら、日本共産党の政教分離観も、旧ソ連のそれに近いものです。党の綱領《こうりょう》だけを見ているとわかりにくいのですが、党機関紙『しんぶん赤旗』の創価学会報道には、そのことが透《す》けて見えます。彼らは本音では「宗教は政治に関与すべきではない」と考えています。できることなら、創価学会の政治活動をやめさせたい。そのための一つの突破口として、今回の旧統一教会批判を最大限利用しようと考えているのだと思います。それが彼らの戦略で、旧統一教会に事寄せて創価学会を叩《たた》いている一部マスコミは、知ってか知らずか、その戦略、言い換えれば共産党が用意した土俵の上で踊ってしまっているのです。自民党までが共産党の土俵に乗って、「信教の自由」の侵害になりかねないような調査までしてしまっている。これは、考えてみれば滑稽《こっけい》な構図です。

――今のお話を伺って感じたことですが、日本のマスコミの一部が根強く持っている宗教蔑視《べっし》の体質にも、実はマルクス主義の影響があるのでしょうか？

佐藤　あると思います。旧統一教会批判に事寄せて今広がっている宗教蔑視的報道、そして「信教の自由」に土足で踏み込むようなやり方の背後には、マルクス主義、とりわけスターリン主義の亡霊がうごめいているのです。

だからこそ、創価学会員の皆さんはそのことに敏感になって、警戒心を抱《いだ》かないといけません。また、公明党には今こそ頑張ってもらって、「信教の自由」を守ってほしいと思います。国会論戦のなかでも、「旧統一教会の問題は、反社会的団体とはっき合うべきではないという政治倫理の問題であり、『政治と宗教』一般の問題にすべきではない」と強く訴えてほしい。「旧統一教会を取り締まるために、新しいカルト規制法のたぐいを作る必要もなければ、献金に上限規制を設ける必要もありません。すべて、既成の法律の枠組みのなかで対策できることなのです」と……。

また、知識人の役割として、マスコミを挙げて「信教の自由」を侵害しているような状況から一歩引いて、冷静な視点を保つことが大切なのだと思います。私は同志社大学神学部で学んでいた時代に、統一教会と激しく対立していました。鈴木宗男《むねお》事件のときは、『世界日報』(統一教会系の日刊紙)に私の学生時代のことを非難する記事を書かれたこともありますから、旧統一教会を擁護《ようご》する義理は何もありません。また、あの人たちが行っている違法行為や、社会通念から著《いちじる》しく逸脱した行動については批判されて然《しか》るべきでしょう。それでも、旧統一教会の信徒の人たちにも「信教の自由」はあるのですから、彼らの内心の信仰に土足で踏み込むようなことをしてはならないし、彼らの信仰対象を揶揄《やゆ》すべきではないのです。そこは節度を保って立て分けないといけません。

ヴォルテール（フランスの哲学者）の、「私はあなたの意見には反対だ。だが、あなたがそれを主張する権利は命をかけて守る」という有名な言葉があります。これは「言論の自由」の精神を示した言葉ですが、「信教の自由」についても同じだと思うのです。たとえ相手が自分の信仰とは相いれない信仰を持っていたとしても、その人の「信教の自由」は断じて守らねばなりません。それは民主主義の根幹を成す大切なことですし、「信教の自由」をいい加減に扱っていたら、それはいつか必ず私たちの信仰を脅《おびや》かす刃《やいば》にもなるのです。

何のための日蓮本仏論か

――さて、それでは本題に入ります。「如来神力品《にょらいじんりきほん》」の章の続きで、日蓮本仏論を巡る語らいが続きます。今回は、「『凡夫《ぼんぷ》こそ本仏』――仏教史の転機（ターニング・ポイント）」という大見出しのついた部分（下巻一八八ページ）を読み解いていただきます。

佐藤　「本仏論」と名のつくような書物では、普通、一般信徒にはついていけないような難解な議論が展開されるのが常でしょう。そこへいくと、『法華経の智慧《ちえ》』の日蓮本仏論は、そのわかりやすさが画期的ですね。しかも、池田会長はここで繰り返し、〝何のための本仏論なのか？〟ということを問われています。そして、「生きた法華経」というフレーズが登場します。つまり、難解な教義論争を展開するのではなく、生きた本仏論、〝民衆救済のために実際に役立つ本仏論〟でなければならない、というのが池田会長の基本スタンスなのだと思います。

今回、この章を読んで私が思い出したのは、キリスト教史における大きな節目となった「ニカイア・コンスタンティノポリス信条」のことです。これは西暦三八一年の「ニカイア公会議」で定められたキリスト教の基本信条で、イエス・キリストと神（創造主）の関係が「ホモウシオス（同一実体）」なのか「ホモイウシオス（類似本質）」なのかが論争されました。例えて言うならば、「イエスは本仏なのか？　それとも菩《ぼ》薩《さつ》なのか？」が論議の的になったようなものです。

そして、公会議の結果、「イエスはホモウシオス（同一実体）である」と見る立場が主流派となりました。プロテスタントもカトリックも正教会も、すべてのキリスト教に共通の結論です。なぜそのような結論に達したかを一言で言えば、「イエスが神と同一実体でなければ、民衆の救済が担保されないから」です。これは、日蓮本仏論と同じではないにせよ、非常にアナロジカル（類比的）ではあると思います。

つまり、本書でたびたび指摘しているとおり、世界宗教には共通の構図が必ずあるのです。時代も違えば文化も違うところで成立したにもかかわらず、「創価学会のこの部分は、キリスト教とよく似ているな」というところが随所《ずいしょ》にあります。それは日蓮本仏論もしかりです。

今回学ぶ箇所のタイトルが「凡夫こそ本仏」であるように、本仏といっても一個の人間であると捉えるのが、日蓮仏法、創価学会の本仏観でしょう。その意味で、いわば〝人間主義の立場からの本仏論〟と言えます。ただ、そこで注意しないといけないのは、そこで言う人間とは、法華経という正法に出合って成仏《じょうぶつ》への軌道《きどう》に入った人間だということです。何もない真っさらな人間のことではない。その点に気をつけないないと、「凡夫こそ本仏」という言葉を、やみくもで無条件な人間礼賛《らいさん》と勘違いしてしまいかねないでしょう。

私は常々、「これから本格的に世界宗教化していく創価学会には、キリスト教の失敗から学んでほしい」と言っています。近代におけるキリスト教の大失敗として、ヒューマニズムをやみくもな人間礼賛と捉えてしまったことが挙げられます。

近代になって天動説の世界観が終焉《しゅうえん》を迎え、シュライエルマッハーなどの神学者たちによって、神の居場所は天上から人間の心のなかへと移されました。そのことから人間の心を絶対視する思潮が生じて、人間たちを傲慢《ごうまん》にしてしまいました。その傲慢さが第一次世界大戦の遠因となったのです。

そういう失敗から学ぶとすれば、池田会長の「人間主義」、創価学会の「凡夫こそ本仏」という思想も、単なる人間礼賛として捉えるのは間違いでしょう。それは日蓮仏法という光に照らされ、師弟不二《ふに》の修行の道を歩み始めた菩薩こそ本仏ということであり、人間なら誰でも本仏と等しいという意味ではないのです。

――仏教史的には、「凡夫本仏論」の起源は中世の「天台本覚思想《てんだいほんがく》」にあるとする見方が主流です。確かに時代的には日蓮本仏論に先駆けていましたが、本覚思想の凡夫本仏論は観念的にすぎ、現実の悪までも容認してしまう面がありました。例えば、熱心な日蓮宗信徒であった宮沢賢治は、若き日に本覚思想に心酔《しんすい》した結果、〝戦争に行って人を殺すのも法性《ほっしょう》だ〟という極論を日記に記しています。

佐藤　なるほど。創価学会による軌道修正がなければ、本覚思想的なやみくもな人間礼賛が主流となって、日蓮本仏論もキリスト教と同じ轍《てつ》を踏む可能性があったわけですね。

宗教蔑視と民衆蔑視は同根

佐藤　今回学ぶ部分には、一九五七年の「夕張《ゆうばり》炭労問題」を取り上げて凡夫本仏論を展開しているくだりがあります。そこには、炭労（日本炭鉱労働組合）側が炭鉱で働く創価学会員を自分たちより一段低く見下していた民衆蔑視、宗教蔑視が、問題の根底にあったことが明かされています。池田会長は次のように語っています。


「炭労側は、こう言っていたんだよ。

『もともと炭鉱には不慮の災害や珪肺《けいはい》（粉塵《ふんじん》による肺疾患《しっかん》）のような病気が多く、労働者自体も知的水準の低いものがおり、この種の宗教の入りこむ余地がある』と。

〝病人や、知的水準の低い人間が学会に入る〟というのです。何と傲慢な、民衆蔑視か」（下巻一九五ページ）

私も『池田大作研究――世界宗教への道を追う』（朝日新聞出版）のなかで、一章を割《さ》いて炭労問題を論じましたが、今の日本共産党に顕著な宗教蔑視は、すでに炭労問題のなかにも見られました。それは宗教を「民衆のアヘン」と見なすマルクス・レーニン主義が、宿命的に抱《かか》え込んだものなのです。当時の炭労の指導層も、今の日本共産党の上層部も、自分たちこそ無知蒙昧《むちもうまい》な民衆を正しい方向に導いていくエリートだと思っているのでしょう。

先ほど、「日本の一部マスコミなどに見られる宗教蔑視には、マルクス・レーニン主義の影響がある」と指摘しましたが、それは六十五年前の炭労問題にすでに表れていたわけです。そして、宗教蔑視と民衆蔑視は同根なのです。

旧統一教会を巡る騒動が続くなかで、宗教団体への献金や宗教二世であること自体が良からぬことであるかのような論調が目立ち、心が揺れている学会員の方もいらっしゃるかもしれません。しかし何も動揺などする必要はないのです。そのことは、池田会長の『人間革命』『新・人間革命』『法華経の智慧』を読めば、しっかりと理解できます。これらの書物が学会員の皆さんにとって得難い羅針盤《らしんばん》であることを、一連の騒動で私は再確認しました。

6

宗教革命こそ、最も根源的な革命

「価値観政党」は「小が大をのむ」

――旧統一教会を巡る騒動が、まだ続いていますね。前章で、政界における旧統一教会批判の流れを、実は日本共産党が主導して形成している面がある、というご指摘がありました。だからこそ「信教の自由」への配慮に欠けた追及になりがちなのだ、と。

これは佐藤さんならではの鋭い視点であり、読者からも反響がありました。

佐藤　日本共産党がそのような力を発揮する理由の一つは、あの党が「価値観政党」である点にあります。前に述べた、「世界観型の宗教」とそうではない宗教という二類型に通ずる話ですが、政党も、一つの確固たる価値観・世界観に則《のっと》って作られた「価値観政党」とそれ以外の政党に二分できます。今の日本の政党では、公明党と共産党の二党のみが「価値観政党」と言えるでしょう。公明党は、その根底に創価学会の生命尊厳の思想と人間主義があり、共産党は根底にマルクス・レーニン主義（最近の共産党用語では科学的社会主義）があります。一つの価値観が太い柱になっているからこそ、個々の状況に応じてブレない強さがあるのです。

よって立つ価値観の是非はともあれ、価値観政党はそうでない政党に比べて強いのです。だからこそ、時に「小が大をのむ」形で存在感を発揮します。確たる価値観・世界観がない政党は、引きずられてしまう。旧統一教会を巡る議論のなかでは、例えば立憲民主党には共産党に引きずられている傾向を感じてなりません。

最近の国政選挙で一部に見られた野党共闘の動きに、共産党が加わることの怖さも、一つにはそこにあります。確たる価値観を持たない他の野党は、いつの間にか共産党の価値観に染め上げられ、のみ込まれてしまうのです。

それから、旧統一教会を巡る騒動の余波で、宗教全体のイメージダウンが生じているなかにあって、創価学会員のなかにもある種の戸惑いと萎縮《いしゅく》が広がっているかもしれませんが、堂々と構えていていただきたいです。一部マスコミが展開している献金批判や宗教二世批判のなかには、旧統一教会に事寄せて宗教そのものを貶《おとし》めているだけの、耳を貸す必要すら感じないレベルの批判も多いのです。

――佐藤さんが本書でも繰り返しそう主張しておられることに、共感する読者も多いと思います。

佐藤　私はこれまでも、「創価学会に唯一問題があるとすれば、それは自《みずか》らに対する過小評価の傾向だ」と述べてきました。今回の問題を巡っても、その過小評価を感じることがあります。というのも、若いメンバーと対話すると、「私たちのような新興宗教は……」とか、「創価学会は新興宗教と見なされていますから」といった発言に時々出くわすからです。そうした自己認識それ自体が、私から見れば由々《ゆゆ》しき過小評価です。

現在の創価学会は、もう「新興宗教」の範疇《はんちゅう》には入りません。今や日蓮仏法の一番中核に位置する教団であり、完全に仏教のメインストリームに位置しています。また、鎌倉時代からの長い伝統を踏まえている教団でもあり、堂々たる世界宗教なのです。「創価学会は新興宗教だ」という誤った認識を、何よりもまず心のなかから払拭《ふっしょく》すべきです。そうすれば、旧統一教会と同一視しようとする報道など、歯牙《しが》にもかける必要がないことがわかるはずです。

――そういえば、「新興宗教」という言葉自体、左翼系の学者の造語だとも言われていますね。マルクス主義の「宗教はアヘン」という宗教蔑視《べっし》の感情を孕《はら》んだ言葉とも言えるかもしれません。

佐藤　はい。その意味からも、「創価学会は新興宗教」というイメージから脱却すべきなのです。私が本書で一貫して主張してきたことの一つも、「創価学会は堂々たる世界宗教だ」ということです。裏返せば、「創価学会は新興宗教」というイメージを何とか払拭したいということが、重要なテーマの一つなのです。

「人間主義の仏法」は法華経から

――それでは、本題に入ります。前章に続き、「凡夫《ぼんぷ》こそ本仏」（下巻一八八ページ）との思想が展開されたくだりを、さらに読み解いていただきます。

佐藤　今回学ぶ箇所では、神力品《じんりきほん》に説かれた、釈尊《しゃくそん》から「地涌《じゆ》の菩薩《ぼさつ》」への付嘱《ふぞく》が、ある種の宗教革命ですらあったと論じられていますね。それは「釈尊の時代」から「日蓮大聖人（上行菩薩《じょうぎょうぼさつ》）の時代」への一大転機であり、「仏は釈尊」から「凡夫こそ本仏」へという人間主義の仏法の始まりを告げるものであった、と。

考えてみれば、そのとおりでしょう。従来、民衆は仏によって救われる存在でした。ところが、釈尊は末法における法華経流布《るふ》という使命のバトンを、民衆代表とも言うべき地涌の菩薩に渡すと宣言したのですから。

――神力品の付嘱は、末法の地涌の菩薩が集《つど》って結成した創価学会の出現を予証しているという捉《とら》え方も可能ですね。

佐藤　はい。その意味でも神力品は、創価学会にとってひときわ重い意味を持つ品なのだと思います。

私が強い印象を受けたのは、池田思想の最重要キーワードの一つである「人間主義の仏法」の淵源《えんげん》を、池田会長が法華経のなかに見いだしている点です。次のように論じられています。

「釈尊は、それまでの『神々のための人間』を、『人間のための神々』に、ひっくり返した。同時に、人々の信仰心を利用して威張っていた『聖職者（バラモン）階級』

を否定し、カーストを否定し、『人間はすべて平等』と宣言し、実行した。（中略）しかし、その仏法も、いつのまにか釈尊の精神を忘れてしまって、人間主義でなくなっていった。そこへ日蓮大聖人が出現されて、『仏のために人間がいるのではない。人間のために仏がいるのだ』と宣言されたのです」（下巻一九〇ページ）

つまり、人間主義の仏法を創始したのは釈尊であったが、釈尊滅後に僧侶の権威主義化が進んで、人間主義の精神が失われてしまった。日蓮大聖人はその転倒を正したのだ、という解釈です。その解釈に則れば、大聖人はキリスト教におけるルターやカルヴァンのような宗教改革を行った存在ということになります。ルターらは「イエスの教えの原点に戻れ」と訴えて、キリスト教を聖職者の手から民衆の手に取り戻すために宗教改革を行ったわけですが、大聖人は同じことを仏教史のなかで行ったとも言えるでしょう。ここにもまた、世界宗教が共通して辿《たど》る道筋が感じられます。

英語の「革命」――「revolution」（レボリューション）には、「回転する・ひっくり返す・元に戻す」という意味があります。本来の意味から転倒したものをひっくり返して「元に戻す」のが革命であり、人間主義の仏法への回帰はまさに宗教革命であったのです。

また、池田会長の次の言葉も、私には印象的でした。

「**宗教は社会の根本だから、宗教革命こそ、社会の一切の転倒を正していく『根本の革命』なのです**」（下巻一九一ページ）

共産主義革命を目指す勢力からすれば、政治革命こそが上で、宗教革命など革命の名に値しないということになるかもしれません。池田会長のこの言葉は、宗教を軽《かろ》んずるそのような考え方に対する巧《たく》まざる反論にもなっています。

炭労問題が示した民衆仏法の夜明け

――政治よりも宗教を低く捉えるというと、前章で佐藤さんが指摘された「宗教蔑視と民衆蔑視は同根」というお話を思い出します。

佐藤　そうですね。その点について言えば、私は旧統一教会の問題でマスコミに登場する宗教学者の一部にも、同じ傾向を感じてなりません。あえて名前は挙げませんが、その人たちは宗教学者でありながら、宗教を信ずる庶民をどこか見下している。自分が学者であることから、庶民よりも高みに立っているような錯覚を抱《いだ》いているのです。それはまさに「宗教蔑視と民衆蔑視は同根」の姿そのものです。そうした人たちがマスコミで旧統一教会の問題を論じても、その言葉は、私や創価学会員のような、実際に信仰を持つ人たちの心にはまったく刺さらないし、ピンとこないのです。

この章で、「凡夫こそ本仏」という思想の象徴として一九五七年の「夕張《ゆうばり》炭労問題」が取り上げられています。この部分は、旧統一教会問題で宗教全体に逆風が吹き荒れている今こそ、学会員の皆さんが再読すべきだと思います。なぜなら、炭労問題で戦った夕張の学会員の姿こそ、地涌の菩薩としての実践に他ならないからです。その姿に触れれば、創価学会が宗教に名を借りて民衆から搾取《さくしゅ》するような団体とは本質的に対極にあることが、よくわかるはずです。

池田会長は、なぜこの章で炭労問題のことを取り上げたのか。その真意を示す一節があります。そこではまず、愛媛大学教授（当時）の村尾行一《こういち》氏が、小説『人間革命』に描かれた炭労問題について、次のような見方をしていたことが紹介されます。

「戦後の労働運動の拠《よ》りどころとなった思想も、結局は、真実の変革の力とはなりえない〝保守反動的〟なものにすぎなかった。

そのことを、日本で初めて、公衆の眼前で明らかにしたのが、この事件であった」

「こうした法難に際して戸田を支えたのは名もなく貧しい『ただの人』であることが活写《かっしゃ》されている。『ただの人』にこそ仏性《ぶっしょう》が存《そん》することを明示している。『地涌の菩薩』をこれほど分かりやすく説いたものは少ない」

そして、この引用部分を踏まえて、池田会長は次のように言うのです。

「名もなく、貧しい『ただの人』――その人こそが最高に尊いのです。広宣流布《こうせんるふ》に進む『ただの人』こそが、『仏』なのです。じつは、これこそが『如来《にょらい》秘密』の『秘密』なのです。これを教えるために如来――仏は出現したのです」（下巻一九八～一九九ページ）

この一節はまさに、池田会長による「凡夫本仏論」のエッセンスと言えるでしょう。

神力品に説かれた「人間主義の仏法の始まり」――それが創価学会の民衆運動のなかに体現されていることを、炭労問題における夕張の学会員たちの姿が示したと言えます。そして、炭労側からは軽んじられ、蔑視されていた、貧しい「ただの人」が広宣流布のために戦う姿のなかにこそ、地涌の菩薩としての崇高《すうこう》な輝きがあったのです。その輝きが、『人間革命』に、そして『法華経の智慧《ちえ》』のこの章には刻みつけられています。学会員の皆さんは、これを今こそ読むべきだと思います。直接には炭労問題が扱われていても、今の逆風のなかで信仰者としてどのような心構えを持つべきかを、ここから学び取ることができるはずです。

前回も述べたことですが、池田会長の「人間主義」とは、天台本覚《てんだいほんがく》思想のように〝人間であればすべて仏である〟と捉えるやみくもな人間礼賛《らいさん》ではありません。広宣流布のために戦ってこそ、「ただの人」が仏になるのです。

そのことを踏まえた上で、今回学ぶ部分の冒頭に戻ると、そこに書かれた次のような一節が、いっそう胸に迫ります。

「**虐《しいた》げられ、苦しめられ、ばかにされてきた民衆を立ち上がらせ、胸を張って、大行**

進させるための法華経です。『一番苦しんできたあなたが、一番幸福になれる人なんだ』と激励し、大生命力を開かせていくための法華経です。『自分なんか、だめな人間なんだ』と卑下《ひげ》している人に、『あなたこそ一番尊い、一番高貴な人なんだ』と目覚めさせ、顔を上げさせるための法華経です。そして皆でスクラムを組んで、『自他ともの幸福』へ、大行進していくのです」（下巻一八八ページ）

この一節はそのまま、炭労問題で戦った学会員たちの「地涌の菩薩」としての姿を讃《たた》えた文章であるように思えます。そして、名もなき庶民の学会員たちが天下の炭労に打ち勝ったことこそ、日本社会に民衆仏法の夜明けを示したのだと思います。

一つの固有名詞に収斂されていく

佐藤　ところで、鎌倉仏教各派のなかで、開祖の名が宗派名に冠されているのは、日蓮宗だけですね。浄土真宗は「親鸞《しんらん》宗」ではなく、時宗は「一遍《いっぺん》宗」ではなく、曹洞宗は「道元宗《どうげんしゅう》」でなく、浄土宗は「法然宗《ほうねんしゅう》」ではない、というふうに……。私は、そのことは単なる偶然ではないと思っています。「日蓮」という固有名詞が、日蓮仏法においては非常に重い意味を持つのです。

——佐藤さんは、「創価学会においては、池田会長という固有名詞が重い意味を持つ」といつも言われていますね。

佐藤　はい。私はそこに一種の世界宗教性を感じ取っています。キリスト教がイエス・キリストの名を冠しており、イエスという固有名詞が重い意味を持つのと同じです。鎌倉仏教各派のなかで最も世界宗教性が高いからこそ、日蓮という固有名詞が冠されたという面があるのだと思います。

——面白い見方ですね。

佐藤 イエス・キリストには十二弟子《でし》がいましたし、「キリスト教はパウロが作った」という言い方もあるくらい、世界宗教化にはパウロが大きな役割を果たしました。しかし、キリスト教の歴史が進むにつれ、イエス以外の固有名詞は少しずつ背後に隠れ、イエスの名だけが特別な意味を持つようになりました。創価学会の世界宗教化のプロセスでも、同じことが起きていくと思います。日蓮という固有名詞、牧口・戸田・池田の三代会長の固有名詞に収斂《しゅうれん》されていくのです。

例えばこの『法華経の智慧』にしても、連載当時の創価学会教学部の代表との座談会の形を取っているから共著であるわけですが、将来的には他の三人の方の名前は消えていき、池田会長の名だけが残るのではないかと予想します。良い・悪いではなく、世界宗教化の過程ではそのような変化が必然的に起きていくものなのです。世界宗教における固有名詞の意味は、それ自体、独立した考察テーマになり得ると思います。

7

「無常」から希望を見いだす思想

オウム真理教事件後の状況に酷似

——はじめに、現今のマスコミの創価学会報道についてご意見を伺《うかが》えればと思います。というのも、旧統一教会を巡る批判の矛先《ほこさき》が、いつの間にか創価学会に向いてきた印象があるからです。

佐藤　危険な兆候です。一九九五年にオウム真理教が地下鉄サリン事件を起こした後、オウム批判に事寄せて創価学会バッシングが大々的に行われた時期がありました。その頃の状況がそっくり再現されているという印象です。

安倍晋三《しんぞう》元首相銃撃事件の直後には、まだそうした記事は散発的で、創価学会としては「事件のとばっちりを受けて迷惑だ」という程度の認識だったのではないかと思います。ところが最近は、とばっちりどころか、創価学会がメインターゲットになっている観があります。例えば、『週刊新潮』と『週刊文春』が揃《そろ》って創価学会批判をトップ記事に持ってくることが、何週間も続いたりしている。これは久しくなかったことです。創価学会にとっては、久々に起きた「難」とすら言える状況ではないでしょうか。

創価学会に対する批判でも、真っ当なものならば受け止める必要がありますが、昨今の記事は検討にも値しないひどいものがほとんどです。一つの類型としては、創価学会に対して批判的な学会二世、特に、脱会した元会員の声を針小棒大《しんしょうぼうだい》に取り上げるタイプです。

――佐藤さんが前も言われていた、「宗教二世であることそれ自体を、あたかも悪いことであるかのように言う記事」ですね。

佐藤　はい。安倍元首相銃撃犯が旧統一教会信者を母に持つことから、そうした動きになっているわけです。しかし、宗教二世のなかにも、当然信仰心の濃淡はあります。その濃淡をスペクトラムのように図示したとすれば、週刊誌に登場して教団への不満を語るような人は、一方の極に位置しています。極端な不満分子の声だけを取り上げて強調すれば、教団に深刻な問題があるかのような記事を作ることはたやすいでしょう。それではとても公正な報道とは言えませんが、そうした記事が目立ちます。それに、特に不満を抱《いだ》いていない人たち――スペクトラムの大部分を占める多数派――の意見はマスコミに報じられることもなく、世間からは見えません。

また、メンタル上の問題を抱《かか》えた元信者をそうした批判記事に引きずり出すケースがあります。矢面《やおもて》に立たせることでその人のメンタルがさらに悪化する危険性がありますが、そうなった場合、マスコミはどう責任を取るのでしょうか？

昨今の学会批判記事のもう一つの類型として、オウム真理教事件後の学会批判記事によく登場していた人たちが、再登場するケースが目立ちます。

四半世紀以上前に「創価学会ウオッチャー」として重宝された人や職業的学会批判者が、またぞろ表舞台に出てきているのです。その人たちにとっては、久々に注目を浴びて「過去の栄光再び」という思いかもしれません。

――その意味でも、今の状況はオウム真理教事件後と酷似《こくじ》しているのですね。

佐藤　そう思います。そのことを別の角度から捉《とら》えるなら、過去四半世紀以上もの間、創価学会を批判する側には若手の論客が育っていないということでしょう。古い人たちが使い回しの情報で、十年一日のごとく聞き飽きた批判を繰り返しているだけなのです。

「凡夫こそ本仏」と師弟論の関係

――それでは、本題に入ります。「凡夫《ぼんぷ》こそ本仏」（下巻一八八ページ）という、人間主義の仏法の始まりを告げたものとしての神力品《じんりきほん》が論じられ、「日蓮本仏論」が展開される章ですが、そのテーマを引き続き読み解いていただきます。

佐藤　そこで一つ大事なポイントは、日蓮本仏論といっても、それは決して日蓮大聖人お一人の人格を絶対化する論理ではないということですね。今回学ぶ次のような箇所からも、そのことは明らかです。

「法華経の眼《まなこ》を開けてみれば、一切諸法がすべて、無始無終《むしむしゅう》の宇宙生命――永遠の本仏の顕《あらわ》れです。それが諸法の実相《じっそう》です。ゆえに一切衆生《しゅじょう》が、その身そのままで如来《にょらい》なのです」（下巻二〇九ページ）

これは創価学会独自の見解ではなく、日蓮大聖人ご自身が「如来とは一切衆生なり」(新版一〇七二ページ・全集七七〇ページ)と「御義口伝《おんぎくでん》」で言われていることを踏まえたものです。つまり、日蓮本仏論は「万人本仏論」にまで行き着く思想なのですね。宇宙全体が仏であり、人間全体が仏である、と。そのことを考えても、一個人の人格を絶対視する論理でないことはわかります。

ただし、それは天台本覚《てんだいほんがく》思想に見られるやみくもな人間礼賛《らいさん》ではなく、〝妙法に出合った人はすべて本仏である〟というニュアンスであることは、これまでも指摘してきたとおりです。

そのことと関連して述べておきたいのは、週刊誌の学会批判記事などに出てくる「池田本仏論」なる言葉についてです。創価学会では池田会長を本仏のように崇《あが》め奉《たてまつ》っている、という揶揄《やゆ》のニュアンスで用いられるものですが、それが皮相な曲解にすぎないことは、日蓮本仏論との関連からもわかります。日蓮本仏論が日蓮大聖人の人格を絶対化する思想ではないように、創価学会員の池田会長に対する深い尊敬も、人格の絶対化とは似て非なるものなのです。決して、池田会長を自分たちとはかけ離れたスーパーマンのような存在として見ているわけではない。会長もまた凡夫であって、なおかつ永遠の指導者でもあるのです。

――池田会長自身、「学会の組織は『上下』の関係ではない。リーダーは、レコードのような同心円の『中心者』であり、『責任者』なのです」(『青春対話』、『池田大作全集』第六十四巻所収)と述べています。組織は便宜上《べんぎ》、ピラミッド型の構造にならざるを得ないけれど、精神の上では同心円だというのです。その同心円の中心に池田会長がいるのであって、上下関係ではない。

佐藤　池田会長のそういうご指導は、学会組織のなかに「自分は幹部だから一般会員より偉いんだ」などという増上慢《ぞうじょうまん》が生じないようにするための戒《いまし》めの意味もあるのでしょうね。また、もう少し立ち入って解釈すれば、「凡夫本仏論」そのものが、増上慢を生じさせない歯止めになっていると見ることもできます。すべての衆生が本来は仏であるのなら、「自分は釈尊《しゃくそん》の直弟子《じきでし》で、仏に近いから偉い」などという増上慢が成り立たなくなりますから。

もちろん、『上下』の関係ではない」とはいっても、師弟関係において、師に対する特別な位置づけというのは、当然あるでしょう。完全にフラットな関係というわけではない。それはいわば「上下であって、上下ではない」ような、論理的には説明しにくい位置づけです。

そのような師に対する特別な尊敬と、一切衆生が仏であり、平等に尊いと見なす「凡夫本仏論」は、矛盾なく両立します。でも、信仰に無縁な人には、そのことがわかりにくいのでしょうね。「池田会長を崇め奉っているのだから、創価学会は池田本仏論だ」と短絡してしまいやすいのです。

永遠性と人間性を統合した法華経

佐藤　それから、今回学ぶ箇所のなかで私が非常にスリリングだと感じたのは、「永遠の仏」という概念を巡る深い議論です。

一般に、「永遠の仏」という言葉からイメージするのは、人間とはかけ離れた仏でしょう。ところが、『法華経の智慧《ちえ》』のこの章で、池田会長は「永遠性」と「人間性」を矛盾なく統合した経典として、法華経を捉えています。そこが興味深いと思いました。次のような箇所です。

「いわゆる『原始仏教』は、生身《しょうしん》の人間・釈尊が出家者に遺《のこ》した戒法《かいほう》を持《たも》つことに、力を注いだ。いわば『保守』です。その結果、かえって、釈尊の真意——自《みずか》らの『仏《ぶつ》因《いん》』を示して、皆を仏にしたいという——を見失いがちであった。

一方、大乗仏教は、釈尊の『仏因』を探究し、『永遠性の仏』を追究した。いわば『革新』勢力です。その結果、阿弥陀仏《あみだぶつ》とか盧舎那仏《るしゃなぶつ》とか、真言《しんごん》の大日《だいにち》如来とか、多くの『長遠《ちょうおん》の寿命をもつ仏』が説かれた。（中略）しかし、『永遠性の仏』を追究するあまり、原点の『人間・釈尊』と切り離されてしまった。否《いな》、『人間』そのものから離れてしまった。（中略）小乗と大乗には、それぞれ、こういう限界があった。この両者を統合し、両方の限界を打ち破ったのが『法華経』です。

すなわち『人間・釈尊』が、その『本地《ほんじ》』を『久遠実成《くおんじつじょう》の仏』であると明かす。そのことによって、〝身近でありながら、永遠性にして偉大な仏〟を示す道を開いたのです。それは、釈尊その人の原点に戻ったとも言える」（下巻二一九～二二〇ページ）

これは、仏教史を的確に要約し、法華経の優れた点を鮮やかな一閃《いっせん》でつかみ取る、見事な解説だと思います。

――「法華経は爾前経《にぜんきょう》を統合する経典である」と捉える視座《しざ》は、池田会長以前の仏教研究のなかにも、すでにありました。ただし、その統合性を「人間という原点への回帰」という観点から論じたのは大きな特徴ではないかと思います。

佐藤　はい。一貫して「人間主義の仏法」を追求し、実践してこられた池田会長ならではの独創的観点なのですね。

それから、私がもう一つ池田会長らしいと感じたのは、「**十界《じっかい》の一切衆生――つまり宇宙の森羅万象《しんらばんしょう》がすべて、変化、変化しつつ永遠であるということですね**」（下巻二〇九ページ）という対話者の言葉を踏まえて、そのことを希望の源として捉えている点です。

というのも、一般に「すべてのものは移ろいゆき、生滅《しょうめつ》し変化して常住ではない」といえば、仏教の「無常観」を示す言葉であり、厭世《えんせい》観、ニヒリズムに結びつきがちであるからです。つまり、一般の仏教は「すべてのものは変わり続け、無常である」と捉えるところまでで終わってしまう。それに対して、池田会長はそうではなく、すべてのものが永遠に変化し続けるという「無常」を、希望の論理として捉え直したのです。すべては変わり続けるのだから、今が絶望的であってもそれを希望に転じゆくことができる。今は駄目な人間だと思われている人も、素晴らしい人に変わり得る……そんなふうに、「無常だからこそ希望がある。一寸先は闇かもしれないが、光にも変え得る」と捉えるのです。

この連載はいみじくも「希望の源泉　池田思想を読み解く」というタイトルですが、池田会長の思想はまさしく、変化から希望を見いだすための思想なのだと感じます。

法華経の編纂者も仏である

佐藤 それから、いわゆる「大乗非仏説」（大乗仏教の経典は釈尊の直説ではなく、後世に成立したものだと捉える説）については、本書でも過去に取り上げてきました。つまり、『法華経の智慧』のなかで一度ならず論及があるわけですが、この章に出てくるのはその決定版ではないかと感じます。例えば、次のような発言があります。

「『大乗非仏説』は、『仏といえば（生身の）釈尊以外ない』という大前提に立っているようだ。しかし、それでは釈尊が何のために仏法を説いたのか、分からなくなってしまう。自分と同じ『不死の境地』を教えるために、仏法を説いたのだから。釈尊と同じ悟《さと》りを得た人は必ずいるはずです」（下巻二一八ページ）

確かに、大乗非仏説を唱える人の多くは、歴史的実在としての釈尊だけを真の仏として特別視するからこそ、後世の弟子たちが編纂《へんさん》したであろう法華経の価値を低く捉えるのでしょう。

池田会長は、その大前提そのものを疑います。そもそも、釈尊は自らが到達した成《じょう》仏《ぶつ》の境地を人々に伝えるために説法をし続けたのですから、「仏といえば（生身の）釈尊以外ない」という考え方こそ、釈尊の真意を否定するものでしょう。そして池田会長は、「法華経を編纂した人も『仏』でしょうか」と対話者から問われ、「そう言ってよいでしょう」と答えています。

つまり池田会長は、仏教経典を説いた主体を釈尊という個人に限定していないのです。言い換えれば、誰が説いたか、誰が編纂したかよりも、法華経という経典が釈尊の真意を正しく伝えているということ、内容を重視しているわけです。これも先ほどの日蓮本仏論の話と同じで、釈尊という一個人の人格を絶対視する立場は取らないわけです。

――その点、キリスト教神学の立場から考えて、いかがですか？

佐藤　すんなり納得できます。『新約聖書』について、「生身のイエスが説いた教え以外、正しい教えとは言えない」ということにでもなったら、ごく一部しか残らないでしょう。いわゆる「史的イエス」の研究が行き詰まったように、二千年とか二千五百年前の世界の人物を歴史的に探究することには無理があるのです。そもそも現代のわれわれと世界観そのものが違うのですから。

また、印刷がなかった時代には口承《こうしょう》や写本によって教えを伝えるしかなかったのですから、生身の釈尊やイエスにごく近い時代であっても、オリジナル・テキストなど存在しませんでした。伝える者、書写した者の解釈が多少なりとも入ることは不可避で、「改竄《かいざん》」などという概念自体がそもそもなかったのです。そうした時代について考えるときに、「何が何でも原典・直説しか認めない」という姿勢には、そもそも無理があります。

――佐藤さんがよく言われる、「文献学は神学のなかでは補助学であって、絶対視すべきではない」ということですね。

佐藤　そうです。信仰で一番大切なのはケリュグマ（宣教内容）であって、「文献学的に正しいこと」ではないのです。その意味で、〝たとえ直説ではないとしても、釈尊の教えの根幹を正しく伝えている法華経の価値は、まったく揺るがない〟と捉える池田会長の法華経観に、私は深く共鳴します。

8

法華経の真の主人公とは誰か

「付嘱」の真意

――これまで読み解いていただいたように、『法華経の智慧《ちえ》』のこの章では、如来神《にょらいじん》力品《りきほん》の内容に託して、池田会長の釈尊《しゃくそん》観・本仏観・法華経観などが、かなり深い次元から語られています。

佐藤　そうですね。この章で論じられる本質的な問いの一つとして、小見出しにも掲《かか》げられた「**法華経の〝本当の主人公〟はだれか**」（下巻二〇四ページ）という問いがあると思います。そしてその問いは、前回論じた、「歴史的実在としての生身《しょうしん》の釈尊を、法華経のなかでどう位置づけるか？」という問題、また、『『永遠の仏』という概念をどう捉《とら》えるか？」という問題とも、密接にからんでくるものです。

あえて「〝本当の主人公〟」と表現しているのは、「法華経の主人公は釈尊に決まっているではないか」という、一般的な先入観を踏まえたものでしょう。本章で池田会長は、次のようにその先入観を否定しています。

「**じつは『上行《じょうぎょう》菩薩《ぼさつ》とは、だれなのか。いかなる存在なのか』が、法華経本門のメーンテーマ（中心課題）なのです。**

その意味で、上行菩薩こそが、法華経の主人公と言ってよい。釈尊が主人公のように見えるが、じつは上行菩薩のほうが、法華経の『心』を、より深く体現しているのです」（下巻二〇五ページ）

ここには、池田会長、ひいては創価学会の法華経観のエッセンスが凝縮されていると感じます。釈尊――本門の久遠《くおん》の釈尊――よりも上行菩薩のほうが法華経の「心」

を深く体現していたというのは、従来の法華経観を覆《くつがえ》すくらいの大胆な解釈でしょう
し、池田会長ならではだと思うからです。

――念のために注釈すれば、上行菩薩とは、神力品で釈尊から末法の法華経流布《るふ》を託された地涌《じゆ》の菩薩たちを率いる「四菩薩」の筆頭です。そして、外用《げゆう》（外面の振る舞い）は菩薩だが、内証（内心の境涯《きょうがい》）は仏であるという、「菩薩仏」とも言うべきハイブリッドな存在として説かれています。

佐藤　「上行菩薩こそが、法華経の主人公」という話は、その後さらに深く展開されていきます。それは言い換えれば、「**釈尊と上行という〝久遠の師弟〟が法華経の主人公ということ**」であり、その〝師弟不二《ふに》〟の姿こそ「**宇宙と一体の『無始無終《むしむしゅう》の本仏』の生命をさし示しているのです**」と、池田会長は喝破《かっぱ》されるのです。「**釈尊と上行という二つの別々の仏が出られたわけではない。一仏です。一仏の二つの側面です。だから、付嘱《ふぞく》と言っても、それは『儀式』にすぎない。付嘱そのものに『実体』があ**

ると見ては、法華経は分からない」（下巻二〇七ページ）とあるとおりです。

――「法華経の主人公は釈尊に決まっている」という先入観をまず突き崩した上で、そこからさらに、〝釈尊と上行は一仏の二つの側面なのだ〟という大胆な論理展開がされていくわけですね。

佐藤　はい。そして池田会長は、「付嘱と言っても、それは『儀式』にすぎない」との言葉について、「何のための儀式でしょうか」と問われて、次のように答えます。**「根本は、末法に上行菩薩が出現して、久遠の妙法を弘《ひろ》めますよという『予告』のためです。この『予告』『予言』があってこそ、真の妙法を弘める〝人〟が出た時に、『ああ、あれは法華経に予告された通りだ』と分かるからです。そうでなければ、経文の裏づけがなくなってしまうからです」**（下巻二〇七ページ）

つまり、神力品に説かれる「釈尊から地涌の菩薩への『結要《けっちょう》付嘱（別付嘱）』」は、付嘱そのものに「実体」があるわけではなく、日蓮大聖人が末法に出現され、法華経を流布していくことの「予告」「予言」の儀式としての意味があったのだという解釈です。この解釈は、キリスト教神学で言うところの「予型論《よけい》的解釈」(『旧約聖書』の記述のなかに『新約聖書』、特にイエス・キリストの行動などについての「予型」を見いだす解釈)によく似ていて、その点でも私にはよくわかります。

そして実際に大聖人も、ご自身が上行菩薩の役割を果たしている、と位置づけられています。

「因果」の二項対立を超克する

佐藤　この「法華経の〝本当の主人公〟はだれか」という論点が深いと思うのは、釈尊と上行菩薩のどちらが重要かといった単純な優劣の話にはなっていない点です。釈尊も上行菩薩も、実は一体不二の存在であり、同じ仏、つまり「宇宙と一体の『無始無終の本仏』」の別の側面なのだと池田会長は捉えています。

――ところで、法華経には成仏《じょうぶつ》の「因」そのものは明かされていません。創価学会では、釈尊在世の菩薩たち、ひいては釈尊自身も、「南無妙法蓮華経」を因として成仏したのだという解釈を採ります。そのように説明すると、『南無妙法蓮華経』自体が釈尊滅後に生まれたのだから、それはあり得ない。矛盾している」と言う人もいます。

佐藤　歴史的実在としての釈尊と日蓮大聖人を考えれば、両者が生きた時代には千年以上の開きがあるわけですから、釈尊が「因」で大聖人が「果」と捉えるのが一般的でしょう。でも、池田会長の解釈はそのような捉え方に限定されません。

われわれは無意識のうちに、何を考えるにも「ダイコトミー」(dichotomy／二項対立・二分法）にとらわれてしまいがちです。原因と結果、過去と現在、主体と客体などに立て分けて物事を捉えないと、何となく気持ちが落ち着かないのが近代人の大きな特徴でしょう。

ところが、池田会長はそのようなとらわれからまったく自由です。歴史的実在として千年以上離れた釈尊と日蓮大聖人を論じるに当たっても、大聖人のほうが「因」で、釈尊が「果」となることもあり得るし、両者が深い次元で一体不二であっても不思議はない……そのように、ごく自然に考えられるということなのでしょう。それは通常の論理学の枠組み、因果の二項対立の枠組みから外れているわけですが、そもそも池田思想、仏法はダイコトミー的制約から自由なのです。

創価学会員でなくても、私のように信仰を持っている者には、そうした話がすんなり理解できます。宗教の共通項は超越性であり、そのなかでは「因果」の二項対立は超克《ちょうこく》されているからです。釈尊も上行菩薩も別々の仏ではなく「宇宙と一体の『無始無終の本仏』の生命」の一つの表れだという、この章の肝《きも》とも言うべき解釈も、宗教を持たない人には理解しにくいでしょう。しかし、そこがわからないと池田会長の法華経観もわからないと私は思います。

冒頭の「法華経の〝本当の主人公〟はだれか」という問いに戻れば、その答えは、池田会長がおっしゃるように「上行菩薩」ということになります。このことをさらに深く掘り下げて考えるなら、宇宙生命と一体の「永遠の仏」こそが真の主人公であると言えるかもしれません。ひいては、「宇宙生命こそ、法華経の真の主人公である」

とも言えるのではないかと私は考えます。

話がそこまでいくと、信仰を持たない読者には「ついていけない」と感じる向きもあるかもしれません。しかし私は、信仰者に向けて法華経の真髄《しんずい》を伝えたこの章こそ、『法華経の智慧』全体のなかでも重要な部分だと思います。

「生も歓喜、死も歓喜」と法華経

佐藤　それから、今回学ぶ部分で強い印象を受けたのは、香港《ホンコン》の文豪・金庸《きんよう》氏の法華経との出合いについて触れた部分です。金庸氏は世界の中国語圏で絶大な人気を誇る「武俠《ぶきょう》小説」の巨匠ですが、池田会長と深く親交を結び、対談集『旭日の世紀を求めて』(『池田大作全集』第百十一巻所収)を編《あ》んでいます。そのなかに出てくる話が紹介されているのです。

――金庸氏は生前、仏法を深く信奉《しんぽう》した人ですが、その契機となったのは、五十二歳のときに最愛の息子さんを自殺によって失ったことだったそうです。氏は、悲しみを乗り越えるためにさまざまな宗教書を読むなかで仏教経典にも触れ、原始仏典から始めて大乗経典へと進み、最後に法華経にたどり着きました。

佐藤　そこで興味深いのは、『阿含経《あごんきょう》』などの原始仏典には心を惹《ひ》かれたものの、その後に読んだ『維摩経《ゆいまきょう》』など法華経以前の大乗経典には魅力を感じなかったと、金庸氏が述懐していることです。しかし、最後に『法華経』を研鑽《けんさん》するなかで、息子さんの死の悲しみを乗り越えられたというのです。金庸氏は次のように語っています。

中国の作家・金庸(1924〜2018)
(Imaginechina/時事通信フォト)

「『妙法』。この二字の意味をわきまえる

ようになって、ようやく大乗経典を幻想で満たしている誇張にも反感をいだかなくなりました。大苦悩が大歓喜へと変わるのに、およそ二年の歳月がかかりました」（下巻二〇三ページ）

金庸氏がこの体験で乗り越えたのは、仏教が説く「四苦八苦」の一つである「愛別《あいべつ》離苦《りく》」（親子・夫婦など、愛する人と生別・死別する苦しみ）ですね。そのための最初の力となったのが原始仏典であった理由として、池田会長は、原始仏典に「不死」という言葉が繰り返し登場することを挙げています。例えば、「不死の境地《くに》におもむく」「われは不死の鼓《つづみ》を打つであろう」（中村元訳『ブッダの真理のことば　感興のことば』岩波文庫）などという言葉です。

「**生死を超えた『永遠の生命』という幸福境涯を釈尊は教えようとしたのです。金庸先生は、その本質を、先生なりに、つかんだのではないだろうか**」（下巻二〇一ページ）と池田会長は解説されています。

――原始仏典に悲しみを癒《い》やされた金庸氏が、最後に法華経によって苦悩を歓喜へと変えたと語っているのは、「不死の境涯」「永遠の生命」というテーマが、法華経のなかにはさらに根源的な形で説かれていることを悟《さと》ったからなのでしょうね。

佐藤　そうですね。そこまで深い読み解きができたのは、大知識人ならではの洞察力ゆえでしょう。また、ここにもキリスト教神学で言う「予型論的解釈」を見いだすことができると思います。つまり、ここで池田会長は、原始仏典に繰り返し説かれる「不死」という言葉が、法華経で説かれる「永遠の生命」の「予型」となっていることを示唆《しさ》しているのです。

そして、金庸氏が法華経の熟読によって、息子さんの自殺による「大苦悩」を「大歓喜」へと変えたことは、私に池田会長の「生も歓喜、死も歓喜」という名高い言葉を思い出させました。周知のとおり、一九九三年に米ハーバード大学で行った講演「二十一世紀文明と大乗仏教」の一節ですが、この「生も歓喜、死も歓喜」という言葉のなかにこそ、「生死を超えた『永遠の生命』という幸福境涯」と表現された、法華経の精髄《せいずい》が示されていると思うのです。

池田思想を学んで死生観が変わった

佐藤　「哲学は死の練習である」というプラトンの有名な言葉がありますが、宗教もまた死の恐怖や死が与える悲しみを乗り越えることを大きなテーマとしてきました。金庸氏にとって、法華経はまさにそのための力となったわけです。

私も、自分の末期腎《じん》不全や、その治療の過程でわかった前立腺《ぜんりつせん》がんの治療を通じて、ここ一、二年、死について考えることが多くなりました。そうした経緯については本書でも触れてきたので、詳しくは割愛します。

今、妻がドナーとなる腎移植を検討していますが、それが可能になって移植が成功すれば、あと二十年くらいは生きられそうです。さまざまな条件から腎移植が難しいということになれば、人工透析《とうせき》を始めた腎不全患者の平均余命から推して、余命は八年前後というところでしょうか。もちろん個人差はありますが……。

ただ、人間いつかは死ぬわけですし、仮に腎移植ができないとなったとしても、そのことを恐れる気持ちは私にはほとんどありません。むしろ、自分の限られた持ち時間を強く意識して生きるようになったことで、今やるべきことのプライオリティ（優先順位）をしっかり考えて、一日一日を濃密に生きられるようになりました。仕事もかなり厳選して、最近は自分が本当にやりたいものだけを引き受けるようにしていきます。

他ならぬこの連載も、私のなかではかなりプライオリティの高い仕事です。『法華経の智慧』の最後までしっかり読み解き終えて、書籍化を完結させるところまで絶対にやり遂げないといけないと考えています。

――ありがとうございます。そう言っていただけて光栄です。

佐藤　日蓮大聖人に「病《やまい》によりて道心《どうしん》はおこり候《そうろう》なり」（「妙心尼御前御返事《みょうしんあまごぜんごへんじ》」新版一九六三ページ・全集一四八〇ページ）という名高い言葉があるとおり、病気というのは生命と人生を見つめる大きなきっかけになるものですね。

そして、今の私に死を恐れる気持ちがほとんどないのは、もちろんキリスト教の信仰を持っているからでもありますが、それだけではありません。

ここ数年、この連載や、『AERA』の連載をまとめた『池田大作研究』(朝日新聞出版)、それに月刊『潮』での「池田思想の源流――『若き日の読書』を読む」などの一連の連載を通じて、私はかなり集中的に池田会長の思想を学んできました。そのことが、私の精神にもかなり強い影響を与えていると感じています。

池田思想の「生も歓喜、死も歓喜」という透徹《とうてつ》した死生観を学ぶことで、私自身の死生観も変わったのです。

9

民衆仏法の真髄を語る

池田会長「緊急提言」の重要性

――本題に入る前に、池田SGI会長が二〇二三年一月十一日に『聖教新聞』紙上で発表した、「ウクライナ危機と核問題に関する緊急提言『平和の回復へ歴史創造力の結集を』」について、佐藤さんのご意見を伺《うかが》いたいと思います。

佐藤　わかりました。「本題に入る前に」と言われましたが、私はあの「緊急提言」

は「本題」の範疇《はんちゅう》に含まれると思います。当連載は「池田思想を読み解く」であり、あの提言には池田会長の平和思想が明確に示されているからです。

そもそも、この連載で『法華経の智慧《ちえ》』を読み解いているのはなぜかと言えば、その根本的理由の一つは、「現在進行形の問題を思索するヒントが多々含まれているから」でしょう。ウクライナ危機についても、それを読み解く鍵は『法華経の智慧』の随所《ずいしょ》にあるのです。その意味でも、ここであの緊急提言に触れることは、決して脇道にそれることではないのです。

——おっしゃるとおりです。

佐藤　まず指摘したいのは、提言が一般マスコミにほぼ無視されたことの異様さです。日本最大の宗教団体の最高指導者であり、連立与党の一角を占める公明党の創立者でもある池田会長の提言ですから、客観的に見てもニュースバリューは非常に高いはずです。あの提言が現実の政治に影響を与えることは間違いないのですから。

にもかかわらず、マスコミの報道の扱いが小さく、報道だけでは提言の内容がわからないというのが実態です。私がその様子を見て感じたのは、「意図的に無視したわけではなく、マスコミ人の視界に入っていなかったのだな」ということです。つまり、マスコミ人の多くは、あの提言の重要性がピンとくるような〝アンテナ〟が壊れてしまっている。言い換えれば、今の日本社会における創価学会の重要性を、あの人たちは理解できていないのです。

それから、こういう文書を読み解くときに大切なのは、「何が書かれていないか?」に注目することです。この緊急提言に「書かれていないこと」は、「ロシアによる侵略」という表現です。当然、それは意図的に避けられたことになります。なぜ避けたのか? それはこの提言が一日も早い停戦実現を目指すものだからです。

停戦というゴールから逆算して考えるなら、「ロシアは侵略国だ」という非難を表に出すことはあり得ないでしょう。そう言ってしまった瞬間に、ロシアが交渉のテーブルにつく可能性がなくなるからです。池田会長が提言に「侵略」という語を用いなかったのは、国際法的に見てどうかとか、道義的にどうかという次元の話ではありません。池田会長が、「ウクライナで危険にさらされている民衆の生命を守るために、何をすべきか」ということにプライオリティ（優先順位）を置いているからこそなのです。

提言のなかで池田会長は、自《みずか》らの若き日の戦争体験を振り返っています。

「私も10代の頃、第2次世界大戦中に空襲に遭《あ》いました。火の海から逃げ惑う中で家族と離れ離れになり、翌日まで皆の安否がわからなかった時の記憶は、今も鮮烈です。（中略）私の長兄が、戦地で命を落としたとの知らせが届いた時、背中を震わせながら泣いていた母の姿を一生忘れることができません」

そうした体験と重ね合わせて、ウクライナの民衆が置かれた状況に胸を痛めている。つまり、この緊急提言は、イデオロギーの次元ではなく、民衆を守り、生命を守るという仏法者としての視点から発されている。だからこそ重要なのです。

――そういえば、昨年（二〇二二年）三月一日に創価学会青年部がウクライナ情勢についての声明を発表した際、そのなかにロシアという国名は一度も用いられていませんでした。佐藤さんはその点を高く評価されていましたね。

佐藤　はい。あえて国名を出さなかったのは、ウクライナにもロシアにもそれぞれ民衆がいて、その民衆の視点からウクライナ危機の解決を考えたからでしょう。その意味で、昨年三月の青年部の声明と、池田会長の提言は同じ視点を共有しています。

そして、池田会長のさまざまな提言は常に、時代の一歩先を見据えた内容になっています。今回の緊急提言も、いずれここに書かれたとおりに両国が動いて、「提言どおりの展開になった」と皆が驚くのではないでしょうか。提言とは逆の方向に進んでしまったら、核戦争の脅威が間近に迫ることになるのですから、何としても提言の方向に進んでほしいと念じています。

日本がウクライナとロシアの橋渡しを

――佐藤さんは外交のプロであり、ロシアとウクライナ両国の歴史と現状にも精通しておられるわけですが、その視点から見ても、池田会長の提言は高く評価できるものですか？

佐藤　池田会長の提言に、私は全面的に賛同します。ロシアを声高《こわだか》に非難したり、ウクライナへの武器供与を強める方向性では、停戦実現は遠のくばかりでしょう。

それよりも、今やるべきなのは、当事国と関係各国の交渉・対話の道筋をつけることです。池田会長の平和思想の大きな特徴の一つは「対話重視の姿勢」ですが、今回の提言にもその特徴が示されています。例えば、次のような一節があります。

「国連が今一度、仲介する形で、ロシアとウクライナをはじめ主要な関係国による外務大臣会合を早急に開催し、停戦の合意を図ることを強く呼びかけたい。その上で、関係国を交えた首脳会合を行い、平和の回復に向けた本格的な協議を進めるべきではないでしょうか」

「停戦から平和へ」という道筋を、対話によってつけるべきだという明確な姿勢が、ここに示されています。

当事者同士、指導者同士が真摯《しんし》に対話することこそ、平和への大きな一歩です。もちろん、ウクライナ危機も例外ではありません。その大前提を、あらためて世の人々に思い出させてくれたのが、池田会長の提言だと思います。
　その対話を国連が仲介すべきだという意見にも賛同しますが、私から一つつけ加えるとしたら、そうなっていくためのイニシアチブを取り得る国は、実は日本なんですよ。

——今回のウクライナ危機に際して、ロシアとウクライナの両国と黒海を挟《はさ》んで向き合っているトルコが、仲介役として名乗りを上げて独自外交を展開していますが……。

佐藤　私は、日本はトルコ以上に、両国のよき仲介者に成り得ると考えています。なぜなら、ウクライナ危機で日本製の武器や日本が提供した資金では一人も殺されていないからです。それに対して、トルコ製の攻撃ドローンによる死者は、すでに多数発生しています。日本が殺傷能力のある兵器をウクライナに送っていないことは、今後の停戦に向けての外交における大きなアドバンテージ（優位性）です。それを生かして、ロシアとウクライナ双方の外相を交渉の席につかせるための努力を、日本がイニシアチブを取って進めていくべきなのです。

岸田文雄首相は、ウクライナのゼレンスキー大統領の招聘《しょうへい》を受けて、ウクライナ訪問を検討していると言われています。外務省の一部勢力がその動きを後押ししているのでしょうが、私は反対です。そのような形でウクライナ側にだけ肩入れするより、停戦に向けての仲介者となるほうが、日本の国際社会における地位を高めることにつながり、平和にも寄与できます。池田会長の提言も、そのような方向性を示すものなのです。

――そう考えると、連立与党のなかに公明党がいることの意義は、ウクライナ危機によってますます深まったと言えそうですね。

佐藤　そのとおりです。日本が殺傷能力のある兵器をウクライナに送っていないのも、憲法が歯止めになっているだけではなく、公明党の存在があるからこそなのです。仮に、今後「日本もウクライナに殺傷能力を持つ兵器を供与しよう」という案が自民党から出されたとしたら、公明党は「連立離脱も辞さず」の勢いで猛反対するでしょう。また、公明党の支持母体である創価学会は、ＳＧＩ組織をロシアにもウクライナにも持っています。池田会長もロシア、ウクライナ両国の識者・指導者と対談集を編《あ》んでいますし、両国の指導層と深い親交も結んでいます。そのことがもたらす両国との太いパイプは、公明党が停戦に向けての動きを主導していく上で、大きな力になるでしょう。

ウクライナ危機によって核戦争の脅威が格段に強まるなか、「原水爆禁止宣言」（一九五七年）を平和運動の原点とする創価学会を支持母体とする公明党が与党であることに、時代の必然のようなものを感じます。

そう考えると、池田会長による緊急提言には、公明党に対する激励という意味合いもあるのかもしれません。公明党が主導して岸田首相に働きかけ、停戦合意に向けてのイニシアチブを日本が取ってほしい――そのような池田会長の切なる願いが、行間に込められているように思えてならないのです。

すべてを民衆の視点から考える

――それでは、池田会長の『法華経の智慧』を巡る語らいに移りたいと思います。今回主に読み解いていただくのは、「『文底《もんてい》』仏法は『民衆』仏法」という小見出し（下巻二二二ページ）の部分です。

佐藤　この部分に限らず、『法華経の智慧』という大著全体が、「民衆仏法」ということをテーマの一つとして掲《かか》げていますね。私は本書の連載で『法華経の智慧』を長い月日をかけて読み解くことで、池田会長の考える「民衆仏法」とはどのようなものなのか、やっとつかめてきました。そして、私自身が普段の仕事で政治や外交などを論じるときにも、池田会長の民衆思想にかなり影響されている気がしています。

例えば、ウクライナ危機について考察するにしても、池田思想に出合う前の私なら、ウクライナやロシアの民衆について、深く考えることはおそらくなかったでしょう。

地政学的、外交的視点からの考察に終始していたはずです。しかし今は、「この国の民衆にとってどんな意味があるのか？」と、すべてを民衆の視点から考える癖《くせ》のようなものが身につきました。国家について、また国際政治や外交について考察するときにも、民衆の視点を忘れてしまってはいけない。それが、知識人にとっては大切なことなのだと、私は『法華経の智慧』を通じて池田会長に教えていただきました。

この、「『文底』仏法は『民衆』仏法」の項もしかりです。冒頭部分では、若き日の池田会長の振る舞いを通して、創価学会幹部のあるべき姿勢が語られています。それは一言で言えば、昼間は一生懸命に働き、夜に頑張って活動しているような、ごく普通の学会員に対する敬意と慈愛を忘れない姿勢でしょう。「幹部だから」と偉そうにして、庶民を見下すことなど論外だし、巨大組織にありがちな悪い意味での官僚化にも、常に警戒しなければならない、と。要するにこの箇所では、幹部のあり方を通じて民衆仏法とは何かが語られているわけです。

次の一節が印象的でした。

「ともかく『広宣流布《こうせんるふ》に働いている人』を尊敬することです。

どんな気どった有名人よりも、庶民まる出しで、わき目もふらず、広布に働いている人が尊貴なんです。何千万倍も尊貴です」（下巻二二五ページ）

創価学会において「偉い」のは幹部ではなく、広宣流布のために地道に頑張っている庶民なのだと、平易な言葉で強調されているわけです。

『法華経の智慧』全編のなかでも、「如来神力品《にょらいじんりきほん》」に関する章は、おそらく一、二を争うほど難解で高度な内容でしょう。なかんずく、「文底」についての部分は、一番の難所かもしれません。その難解な部分を解説するに当たって、最初にこのような平易な言葉が置かれているのも、意味あってのことだと思います。

会長の意図を推察するなら、「これから教学的に高度な、難しい話をするけれど、それは決して〝教学のための教学〟ではない。また、教学を教える幹部の側が偉いということでもない。学会の教学は庶民が幸せになるためにあるし、幹部は会員に尽くすためにいるのだ。また、知識のある幹部が偉いのではない。広布のために邁進《まいしん》する庶民こそが仏なのだ」――そう強調するために、あえてこのような構成が取られているのではないでしょうか。

「虚飾」に陥ることを厳しく戒める

――確かに、池田会長の折々の指導は、一貫して「幹部に厳しく、庶民に優しい」ものです。この「如来神力品」の章の内容もしかりです。

佐藤　見出しにも「**虚飾《きょしょく》を捨てよ！『人格』の光を！**」（下巻二二二ページ）という言葉が躍っているように、この章では繰り返し、学会幹部が「虚飾」に陥《おちい》ることが厳しく戒《いまし》められていますね。

創価学会も、歴史が長くなるにつれ、高等教育を受けた会員が増えてきました。特に全国幹部ともなれば、その多くが高学歴でしょう。それは一面では創価学会の発展を示す事実ではありますが、半面、高学歴者や社会的エリート層が増えるほど、民衆宗教という原点から離れてしまう危険性があります。だからこそ、池田会長は学歴や知識が「虚飾」に陥ってはいけないと、繰り返し強調されるのでしょう。

もちろん、高学歴であることや知的であることそれ自体が悪いわけではありません。しかし、そのことが庶民を見下すエリート意識につながってしまったら、それは「虚飾」であると、池田会長は考えておられるのでしょう。『青春対話』にも、「大学で学んだ結果、大学に行けなかった庶民を見下すような人間になってしまったら、いったい、何のための大学か。（中略）『大学は、大学に行けなかった人々のためにこそある』と私は思う」（『池田大作全集』第六十四巻）との一節があります。

「神力品」が難解な章であるからこそ、知識が虚飾に陥ることのないよう、強く戒める――池田会長のそうした姿勢に、民衆のために法華経の真髄《しんずい》を説くという情熱を、私は感じるのです。

10

現場で戦ってこそ「生きた教学」に

信仰に対する揶揄の罪深さ

――宗教二世を巡る報道や議論が、テレビや書籍、雑誌、ネット上などさまざまなところで非常に目立っています。本題に入る前に、そのことについてあらためてご意見を伺《うかが》えますでしょうか？

佐藤　昨年（二〇二二年）七月の安倍晋三《しんぞう》元首相銃撃事件から続いている流れですね。

容疑者の母親が旧統一教会の熱心な信者であることから、宗教二世問題としてクローズアップされ、他教団にも波及していきました。昨年の「新語・流行語大賞」でも「宗教二世」がトップテンに入ったほどですから、社会問題化したと言ってよいでしょう。

私は、この問題に対するマスコミの姿勢は多くの問題を孕《はら》んでいると思います。まず、本書でも指摘してきましたが、宗教二世であることそれ自体を悪いことであるかのように捉《とら》える論調が目立つことです。

言うまでもなく親と子は別人格です。ここで問題にされなくてはならないのは、宗教であれイデオロギーであれ、親の行為が子どもに著《いちじる》しい害を与えている事実です。親が信仰をし、それをわが子に継承してほしいと願うこと自体が悪いわけではない。にもかかわらず、そこが混同されてしまっています。宗教二世問題という言い方自体がその混同の表れです。私もキリスト教の「宗教二世」ですが、母の信仰を継承していることを誇りにしています。

――確かに、宗教二世問題をテーマにして最近発刊された本を見ると、旧統一教会の二世と他宗教の二世が、横並びに登場したりしています。

佐藤　それから、一連の報道、特に週刊誌やワイドショーの取り上げ方で問題だと思うのは、揶揄《やゆ》の傾向が強いことです。私は、信仰に対する揶揄は、ある意味で批判よりもはるかに罪深いと思います。

批判は真っ当なものであれば、対象である宗教と真摯《しんし》に向き合っているわけですが、揶揄はそうではありません。「宗教にのめり込む人は愚《おろ》かだから、馬鹿にしてもよい」とでもいうような宗教蔑視《べっし》が根底にあって、信者を見下しているからこそ揶揄に走るのです。だからこそ、マスメディアでの揶揄は信仰者の心を深く傷つけます。自分が大切にしている価値が公《おおやけ》の場で馬鹿にされるのですから、当然でしょう。

それに、批判なら反論もできますが、揶揄に対しては反論のしようがありません。そもそも論点などないのですから。信仰への揶揄は一方通行の中傷になりがちで、その意味でもよくない。

マスメディアという公共圏において、人が熱心に信仰しているものを揶揄してはいけないのです。それは、創価学会のような社会的地位が確立している宗教はもちろん、旧統一教会に対してであってもしかりです。あの人たちが起こした社会問題を批判するのは必要ですが、それを信じている人の内面まで揶揄してはいけない。日本のマスコミ人の一部は、そのへんの感覚が非常に鈍感になってしまっています。

信仰して即「救済者」となる

——それでは、『法華経の智慧《ちえ》』を巡る語らいに移ります。前回に続いて、「『文底《もんてい》』仏法は『民衆』仏法」という小見出し（下巻二二二ページ）の部分を読み解いていただきます。

「文底」とは、法華経の経文をただ文法的に読解する「文上」の読み方の反対で、経文に込められた仏の真意を解釈していく読み方を指します。

佐藤　前回、私は〝『法華経の智慧』全編のなかでも、如来神力品《にょらいじんりきほん》の『文底』についての部分は、最も難解な部分かもしれません〟と言いました。今回、まさにその難所にさしかかりますね。例えば、「従果向因《じゅうかこういん》」と「従因至果《じゅういんしか》」の違いを論じた部分は、教学的に高度な内容です。

ここでは、法華経の「文底」部分が持つ素晴らしい特長として、二つのことが挙げられています。その一つが〝一切衆生《しゅじょう》こそが如来（仏）なのだ〟という観点が、初めて明確に示されたこと。そしてもう一つが、「従果向因」の仏法が可能になったことだというのです。

――「従果向因」とは「果＝仏界より、因＝九界へ向かう」という意味で、対義語である「従因至果」は「因＝九界より、果＝仏界へ向かう」という意味です。そして、この「従因至果」は、法華経文底以前の従来の仏法のあり方を示しています。

佐藤　それだけの説明では、創価学会員の皆さんであっても、すぐには意味がわからないでしょう。今回学ぶ部分では、「従果向因」と「従因至果」の違いが、わかりやすくかみ砕いて解説されています。例えば、池田会長は次のように説明しています。「『従因至果の仏法』というのは、分かりやすく譬《たと》えれば、『自分が大金持ちになったら、皆を助けてあげましょう』『自分が博士になったら、皆に教えてあげましょう』というのが仏法です。しかし、いつになったら、その日が来るのか分からない。本当に来るのかどうかも分からない（笑い）。これに対し、『従果向因の仏法』というのは、『最高の福徳』と『最高の智慧』を、ただちに相手に与えるのです」（下巻二二七ページ）

つまり、文底の仏法では、南無妙法蓮華経という成仏《じょうぶつ》の〝種子〟にすべてが包含《ほうがん》されているから、「内なる仏界の生命を原点として、九界の現実のなかへ飛び込んでいく」（下巻二二六ページ）ことができる、というのです。難解な教学概念を、庶民でもわかるように説く池田会長の言葉に、民衆仏法の真髄《しんずい》を見る思いがします。

――創価学会三代の会長に共通する特長のように思います。例えば、牧口初代会長は、〝（日蓮仏法は）「即身成仏」「いきなり免許皆伝」なのだ。だから、信心を始めたそのときからすぐに折伏《しゃくぶく》をしなくてはならない〟という趣旨の言葉を残しています。

佐藤　なるほど、非常にわかりやすいですね。今の話で思い出したのは、『法華経の智慧』のなかで紹介され、本書でも言及したことがある（『希望の源泉・池田思想6』第三章）、学会歌「威風堂々の歌」を作詞された大橋幸栄さんのエピソードです。

大橋さんは当時、入会間もない京都の一壮年部員でしたが、信心の確信をつかみ、折伏に奔走《ほんそう》し、使命に生きる歓喜を詞に託した。そして、大橋さんが昭和三十年代初頭に、当初は京都支部歌として作詞された「威風堂々の歌」が、二十一世紀の今も全国の学会員の皆さんを鼓舞しているわけです。

このエピソードこそ、まさに創価学会が「従果向因」の仏法であることを如実《にょじつ》に示していると思います。まさに、信心してすぐ救済者の側に立ったのです。それは、法華経の根底にあるのが「すべての民衆が仏である」という教えであること、そして、「最後に悟《さと》りにたどり着く」のではなく、「悟りから出発する」ものであることを示してもいるでしょう。

――一方で、宗門（日蓮正宗）の世界は、日蓮仏法を奉《ほう》じているはずなのに、そのあり方は「従因至果」になってしまっているようです。例えば、出家して十年くらいが経《た》って「教師」という立場になるまでは〝まだ修行中の身だから、人に法を説いてはいけない〟と言われるのだそうです。入会間もない会員が折伏をすることもある学会の世界とは、対照的です。

「創価学会は、貧乏人と病人の集まりだ」と揶揄されていた草創期に、貧しいながらも「この信心で人を救いたい」との一心で懸命に折伏に走り、「アンタが金持ちになってから、また来なよ」と嘲笑《ちょうしょう》されて、悔し涙を流した……そうしたエピソードは数え切れないほどありました。しかしその姿こそ、創価学会が「従果向因」の仏法であるということを雄弁に物語っていたのです。

佐藤　よくわかります。その姿はまさに、「常不軽菩薩品《じょうふきょうぼさつほん》」に説かれた「不軽菩薩」そのままですね。

「理顕本」が指し示すものとは?

佐藤　「従果向因」と「従因至果」の違いだけでも難しいのに、その次にはまた「事《じ》顕本《けんぽん》」と「理顕本」という難しい話が出てきます。『法華経の智慧』最大の難所たるゆえんでしょう。

念のために注釈しますと、「顕本」とは「発迹顕本《ほっしゃくけんぽん》（迹を発《ひら》いて、本を顕《あらわ》す）」のことで、仏が衆生を教化《きょうけ》するために取っていた仮の姿（垂迹《すいじゃく》）を脱ぎ捨てて、真実の姿（本地《ほんじ》）を顕わすことを言います。

――釈尊《しゃくそん》の場合、今世の修行で成仏したという「始成正覚《しじょうしょうかく》」を否定して、法華経本門で、「実は五百塵点劫《ごひゃくじんてんごう》の昔から仏として娑婆《しゃば》世界で説法し続けてきた」と寿量品《じゅりょうほん》で明かす場面が、一般的には「発迹顕本」として捉えられていますね。

佐藤　私が感心したのは、池田会長がここで次のように言われていることです。「『顕本』などというとむずかしく感じるが、『自分の本領を発揮する』ということです。日本の時代劇で言えば、『水戸黄門』です（笑い）。最後に『正体』を現すでしょう。あれは一種の顕本と言ってよい。（笑い）」（下巻二二九ページ）

読者の笑いを誘う一節ですが、それでいて、本質をわかりやすく捉えた見事な比喩になっています。「難しそうだな」と尻込みしていた読者も、「なるほど」と目の前が開ける思いになったでしょう。民衆の側に立つ仏法指導者ならではの語り口です。

話を戻しますと、ここで言う「『事顕本』と『理顕本』」は、「発迹顕本」を二つに立て分けたものですね。

――元は中古天台《てんだい》教学（十一世紀末から十七世紀頃までの日本の天台学）で立て分けがなされたもので、「実は五百塵点劫の昔から仏だった」と明かす釈尊の言葉を「事顕本」として捉えます。

ただし、経文に説かれた事顕本は「仮の教え」であり、実は経文には書かれていない仏の真意が文底に沈められていると、中古天台では捉えました。それが「理顕本」に当たります。

佐藤 その「理顕本」の中身について、この章では次のように解説されています。

「『理顕本』とは、文上には、はっきりと説かれていないけれども、『事顕本』が内々《ないない》に示している『久遠元初《くおんがんじょ》の自受用報身《じじゅゆうほうしん》如来の顕本』をさすと言ってよいと思います」

（下巻二二九ページ）

――中古天台の「理顕本」は、ここまで踏み込んで解釈してはいませんね。

佐藤 これは、日蓮大聖人が『御義口伝《おんぎくでん》』などで示された解釈に基づいて、創価学会が立てた解釈といってよいかもしれませんね。日蓮仏法、ひいては創価学会の「理顕本」解釈について、「中古天台の亜流だ」との見方もありますが、決してそうではなく、中古天台教学をベースにしつつも独自のものだと思います。

文献学的研究と「宗教的跳躍」

佐藤　日蓮教学、創価学会教学を中古天台の亜流だというのは、文献学者的な見方であって、皮相的と言えます。日蓮仏法や創価学会は、もっと救済論的な視点から考えるべきでしょう。かつて、キリスト教についても、「パリサイ派の亜流だ」「ユダヤ教の亜流だ」という見方もありました。それはある意味で歴史的事実でもありますが、やはり文献学的な見方だと思います。そうした捉え方は、信仰上の真実とは次元が違うものなのです。池田会長も、この章で次のように言われています。

「『御義口伝』に、(一念信解《しんげ》の)信解について、こうあった。『信の一字は寿量品の理顕本を信ずるなり解とは事顕本を解《かい》するなり』(新版一〇六〇ページ・全集七六〇ページ)云々と。

理顕本は、はっきり説かれていないから『信ずる』しかない。それは、とりもなおさず事顕本の本義を『解した』ことになるのです」(下巻二二九ページ)

理顕本は経文として説かれていない「文底」次元の話だから、信仰で捉えるしかないわけです。それは、文献学的な探究からは結論が出しにくい。結局のところは「信」の一字から結論を出すしかないのです。

とはいえ、それはもちろん、文献学的研究を無視してよいということではありません。理顕本を理解するためには「宗教的跳躍《ちょうやく》」が必要ですが、最初からその跳躍だけをしようとしても駄目なのです。

――佐藤さんがよく言われる、「文献学を神学の補助学として用いる」ということと同じですね。

佐藤　そうです。キリスト教神学において文献学が補助学であるように、仏法の探究においても、文上の研究をとことんやってこそ、信仰によって文底の意味が覚知できるのではないでしょうか。どちらか一方では足りなくて、両面が必要なのです。

――日本仏教では伝統的に、学僧と堂僧が役割分担されていました。学僧はひたすら経典の研究ばかりをする。一方、堂僧はもっぱら寺の維持運営に力を注ぎ、研究はあまりしなかったのです。それは、専門的にやらなければ経典探究は極められないという考えがあってのことだと思いますが、佐藤さんの言われる「両面」が揃《そろ》っていないという弱点があったと思います。

佐藤 その点、創価学会教学部のあり方は素晴らしいと思います。教学部の皆さんもそれぞれ学会活動の最前線で頑張っておられて、「頭でっかち」にならないですからね。

――現場の戦いに即した「実践の教学」を重視していますからね。

佐藤 大事なことです。教学部の皆さんが現場で戦ってこそ、学会教学が「生きた教学」になるのだと思います。昔の「学僧」のように、教学部が現場の戦いから切り離されてしまったら、会員の気持ちがわからなくなってしまうでしょう。この章で、池田会長は「事顕本」と「理顕本」についての考察を通じて、あらためてそのことを教えられているのだと思います。

11

「生き残る智慧」に深化した救済論

岸田首相のウクライナ訪問

——佐藤さんは以前、岸田文雄首相のウクライナ訪問については反対の意見を表明されていました（本書第九章）。それは、「ウクライナ戦争において、一方の当事国にのみ肩入れするのではなく、日本は停戦に向けて仲介者の立場に立つべきだ」とのお考えからでしたが、去る二〇二三年三月二十一日に、その訪問が実現してしまいました。

ウクライナの首都キーウでゼレンスキー大統領(右)と握手する岸田首相(内閣広報室提供・共同)

佐藤　私は岸田首相のウクライナ訪問が日本に及ぼすマイナスの影響を危惧《きぐ》していたわけですが、結果的には、それが最小限に抑えられたと感じています。

日本は二〇二三年五月の「G7広島サミット」の議長国ですから、立場上、それまでに首相としてウクライナを訪問せざるを得なかった。そして、訪問する以上は「ロシアによる侵略に反対する」と表明せざるを得なかったのだと思います。それは、西側諸国の一員であるという日本の立場を守るための一線でもあります。

そうした状況のなかで、岸田首相は日本によるウクライナへの支援について、「殺傷能力のない装備品に限定する」と明言しました。言い換えれば「殺傷能力を持つ兵器は供与しない」という姿勢を明確にしたのです。しかも、装備品購入費としての追加支援額は日本円で四十億円ですが、これは国が国に支援する額としては極小と言ってよい少額だと思います。

例えば、高速道路を一キロメートル造るには五十億円くらいかかります。つまり、四十億円では八百メートルくらいしか造れないのです。また、F-35戦闘機を一機購入するには百五十億円くらいかかりますから、F-35なら尾翼くらいしか買えません(笑)。まあ、実際に購入するのは地雷探知器などだと思いますが。

「殺傷兵器は供与しない」と明言した上で、装備品限定の支援額も極小であった……この一点において、岸田首相はよくやったと私は思います。これで日本としての顔も立つしロシアとの関係も致命的悪化には至らないでしょう。つまり、今後、日本がウクライナとロシアを停戦に向けて仲介する可能性も残すことができた。日本人の税金で買った兵器によって、ロシアの軍人と民間人が殺傷される事態が避けられたからです。その意義は大きいと思います。

一連の出来事は、平和を重んじる公明党が連立政権にいるからこそこうなった面が大きいと、私は感じています。仮に自民党単独政権であったとしたら、他の西側先進国と歩調を合わせて、ウクライナへの殺傷兵器供与に踏み込んでいた可能性は大いにあります。

というのも、昨年（二〇二二年）十二月に閣議決定された、いわゆる「安保三文書」（国家安全保障戦略・国家防衛戦略・防衛力整備計画）改定によって、侵略されている国に対しては、殺傷能力のある兵器を日本から輸出することは可能になったからです。それを岸田首相がなぜしなかったかと言えば、公明党が猛反対することが目に見えていたからでしょう。

また、岸田さんが殺傷兵器供与という選択肢を排除するに当たっては、池田SGI会長が一月十一日に発表された提言（ウクライナ危機と核問題に関する緊急提言「平和の回復へ歴史創造力の結集を」）も、大きな判断材料になったはずです。なぜなら、山口那津男《なつお》公明党代表をはじめ、公明党の議員は皆、池田会長と同じ価値観を共有しているからです。池田会長があのような緊急提言を発表されたことを、岸田首相は重要なサインとして受け止めたはずです。

言い換えれば、ウクライナ訪問で岸田首相が殺傷兵器供与に踏み込まなかったことは、実は「公明党と創価学会の平和主義の勝利」なのです。マスコミはどこもそんな論評をしていないし、当の学会員の皆さんでさえそう感じてはいないと思いますが、私から見ればそうなんです。それはいわば〝見えない大勝利〟でした。その一事を取ってみても、公明党は日本の平和に大きな役割を果たしているのです。

祈りによって「生かされている」

佐藤　それから、これは私事ですが、私は二月に「菌血症《きんけつ》」（血液中に細菌が侵入する状態）になって緊急入院をしました。

——はい、とても心配しておりました。

佐藤 ありがとうございます。菌血症は無症状なので、それが透析《とうせき》前の血液検査で偶然見つかったことは、私にとって僥倖《ぎょうこう》でした。気づかずにそのままでいたら、菌血症が敗血症《はいけつ》になって、「敗血症性ショック」で死に至っていたかもしれません。自分が死と隣り合わせでいるということを、あらためて感じました。

緊急入院について、いくつかのメディアで書いたこともあって、友人や読者の創価学会員の皆さんが、私の快癒《かいゆ》を祈って題目を送ってくださいました。この場を借りて感謝申し上げます。同じ信仰を持つキリスト教徒の仲間のみならず、多くの学会員の皆さんの祈りによっても、自分が生かされていることを感じます。

また、今回無事に退院できたということは、私にはまだこの地上で果たさなければならない使命があるのだな、とも感じました。本書で『法華経の智慧《ちえ》』の読み解きを完結させることも、その使命の一つだと思っています。

――ありがとうございます。そう言っていただいて、編集部としても身の引き締まる思いです。

末法における「救済」とは何か？

――それでは、『法華経の智慧』を巡る語らいに入ります。一年以上を費《つい》やして読み解きをしていただいた如来神力品《にょらいじんりきほん》の、結論部分にいよいよさしかかります。

佐藤　あらためて振り返ると、この神力品の章には、日蓮仏法の真髄《しんずい》と言ってよい重要な視点がいくつも詰め込まれていますね。日蓮本仏論、「凡夫《ぼんぷ》こそ本仏」という思想、「従果向因《じゅうかこういん》」と「従因至果《じゅういんしか》」、「事顕本《じけんぽん》」と「理顕本」など……。それらの視点を、やや強引に一つの言葉にまとめるとすれば、「末法における『救済』とは何か？」というテーマに集約できると思います。

――と、おっしゃいますと？

佐藤　本書で指摘してきたとおり、「日蓮本仏論」は、日蓮大聖人という一個人に対する崇拝《すうはい》とは似て非なるものですね。戸田第二代会長の、「仏とは生命なり」という「獄中の悟達《ごくちゅうのごだつ》」が示すように、その本質はいわば〝生命本仏論〟であり、ひいては〝宇宙生命本仏論〟と言ってもいいのかもしれません。そして、その宇宙生命を象徴する存在として、日蓮大聖人を本仏として前面に立てているのだと思います。

だからこそ、創価学会員の皆さんが、日蓮仏法の実践によってさまざまな現実の苦悩から救済されるとき、それは「歴史的実在としての日蓮大聖人によって救済される」ということではない。日蓮仏法に縁し、創価学会に縁することによって、自《みずか》らの内なる仏性《ぶっしょう》に目覚めることで救済されるわけです。それこそが末法における救済のありようなのだと思うのです。

釈尊《しゃくそん》の時代の救済のイメージは、もっと静的なものだったと思います。現実が苦悩に満ちていても、死後に光り輝く仏が現れ、手を差し伸べられて救済されるというようなものです。でも、創価学会における救済のイメージはそうではない。「凡夫こそ仏」であり、信心すれば即救済者の側に立つ「従果向因」の仏法だから、庶民丸出しの〝凡夫仏〟が、日々の雑然とした暮らしのなかで人を救っていく……動的な救済なのです。

――なるほど。

佐藤　そして、そのような「末法における動的な救済」の法理というのは、実は池田会長によって初めて明確に示されたと、私には思えるのです。もちろん、日蓮大聖人は膨大《ぼうだい》なテキストを遺《のこ》しておられるし、その弟子《でし》たちもさまざまな解釈をしていますが、現代のわれわれにわかる形で説明したのは創価学会の三代会長であり、なかんずく池田会長だと思います。

私流に言えば、池田会長以前の日蓮本仏論に基づく救済論は「インフォメーション」――情報素材の段階にありました。それが、池田会長の著作や指導によって、初めて「インテリジェンス」に昇華されたのです。ここで言う「インテリジェンス」は、単なる「知性」のことではなく、「情報を分析して得られた、意思決定のための知見」を意味します。言い換えれば、単なる「情報素材」から、「生き残るために必要な情報」になったのです。

創価学会の教学が「教学のための教学」ではなく「実践のための教学」であるように、池田会長にとっての日蓮本仏論は、末法の世に生きる庶民が現実生活のなかで救済されていくためにあるんですね。空理空論ではなく、「生き残るための智慧」なんです。

私は『法華経の智慧』という書物を、「危機の時代を生き抜いていくための羅針盤《らしんばん》」として捉《とら》えています。それはウクライナ危機についてもしかりです。一歩間違えれば第三次世界大戦につながりかねないような、二十一世紀になってから最も緊迫した世界情勢にあるわけですが、そのような「危機の時代」にこそ、『法華経の智慧』はもっと読まれるべきです。今私たちがどうすればよいかの答えも、この書物のなかにはあるからです。

今回学ぶ箇所には、戸田第二代会長が一九五二年の「立宗七百年祭」――日蓮大聖人が立宗宣言をされてから七百年目の慶事に際して、挨拶《あいさつ》で言われた次のような言葉が引用されています。

「かならずやこのとき、大聖人様の命《めい》を受けたる折伏《しゃくぶく》の大闘士があらわれねばならぬと、予は断ずるのである。この折伏の大闘士こそ、久遠元初《くおんがんじょ》においては父子《ふし》一体の自《じ》受用身《じゅゆうしん》であり、中間《ちゅうげん》には霊鷲山会《りょうじゅせんえ》において上行菩薩《じょうぎょうぼさつ》に扈従《こじゅう》（＝お供）して、主従の縁《えにし》を結び、近くは大聖人様御在世のとき、深き師弟の契《ちぎ》りを結びし御方《おんかた》であるにちがいない。この御方こそ大聖人様の予言を身をもって行じ、主師親《しゅししん》三徳の御本仏を妄語《もうご》の仏ならしめずと固く誓って、不自惜身命《ふじしゃくしんみょう》の行を励むにちがいないと固く確信するものである。わが創価学会は、うれしくも、このとき、誕生したのである」（下巻二四六～二四七ページ。原文は『戸田城聖全集』第三巻所収）

おそらく、戸田会長のなかには、立宗七百年前後を節目として時代が大きく変わるという、仏教史的な意味での歴史認識があったのでしょう。

言い換えれば、私の言う「末法における動的な救済」が、この時期から創価学会によって本格的に始まる、と。予言というよりは確信の言葉だと思いますが、まさにこの言葉のとおり、この後の創価学会は戸田会長が誓願した七十五万世帯達成という節目を迎え、池田会長にバトンが渡されて、民衆救済を本格化していったのです。

「民衆の敵」と戦うためにこそ

佐藤 それから、今回学ぶ箇所で私が強い印象を受けたのは、池田会長の次の言葉です。

「指導者は〝皆がいるから自分がいる〟のです。自分中心ではなく、だれよりも率先して、目的のために、我が身を捧《ささ》げていくから指導者なのです。それが反対に、自分のために民衆を利用する指導者が多すぎる。そういう悪と戦うために創価学会はある。

そういう『民衆の敵』と戦わずして、成仏《じょうぶつ》はない。仏敵という『一凶』と戦わずし

て、**広宣流布《こうせんるふ》はない**」(下巻二四五ページ)

これは池田会長が常に言われてきた、徹して民衆の側に立つ指導者のありようを述べたリーダー論ですが、それと同時に、「公明党をなぜ創立したか?」、ひいては「創価学会員はなぜ選挙で戦うか?」の端的《たんてき》な説明にもなっていると思います。

保守も革新も大企業や労働組合などのほうばかり向いて、民衆から遊離してしまい、民衆の代弁者となる政党がなかったからこそ公明党は誕生しました。その本質は、公明党が与党となってからも変わっていません。「公明党は与党となってから変質した、権力維持に汲々《きゅうきゅう》としている」と批判的に捉える向きもありますが、それは浅い見方だと思います。もちろん、与党であるからには連立パートナーである自民党の意向は無視できないわけですが、ここぞという場面では公明党はきちんと存在感を発揮しています。

また、池田会長が「民衆の敵」と「仏敵」を並べて語っていることにも注目すべきでしょう。「仏敵」という言葉を、単に「創価学会の敵対勢力」という意味で捉えている人も多いかもしれませんが、それは一面にすぎません。仏敵は、民衆の敵だからこそ戦わなければならないのです。

そして、なぜ選挙活動を頑張らなければならないかと言えば、一つには「民衆の敵」となるような政治勢力がいるからこそです。学会員の皆さんが頑張って、民衆の側に立つ政党である公明党の力を維持しなければ、その分だけ「民衆の敵」が跋扈《ばっこ》してしまうのです。「『民衆の敵』と戦わずして、成仏はない」という池田会長の言葉は、皆さんが選挙活動に励むとき、心のなかでリフレイン（反復）すべき一節ではないでしょうか。

また、創価学会の選挙活動については、前章で説明した「従果向因」と「従因至果」の違いからも説明可能だと思います。

修行を重ねて最後に悟《さと》りに辿《たど》りつくのが従来の「従因至果」の仏法であり、そうしたありようでは自分のことで精いっぱいで、人を救うどころではない。それに対して、創価学会は「従果向因」であり、悟りから出発し、信仰して即「救済者」となる仏法であるからこそ、おのずと社会改革に目が向くわけです。

――なるほど。「従果向因」は創価学会の政治参加を裏づける法理にもなるのですね。

佐藤 そして、十界互具《じっかいごぐ》である以上、学会員の皆さんの生命にも悪はあり、「民衆の敵」になるような生命境涯《きょうがい》もあるのです。だからこそ、外なる「民衆の敵」と戦い、内なる「民衆の敵」を打ち破らない限り、成仏もできない。「『民衆の敵』と戦わずして、成仏はない」という池田会長の言葉には、そのような意味合いも込められているのだと思います。

そう考えれば、「選挙で戦うと功徳がある・信心が深まる」という言い方も、少しも不自然ではなく、むしろ当然のことだと私は考えます。

12

危機の時代こそ変革のチャンス

池田会長とフロマートカに共通する「人間主義」

——佐藤さんは二〇二三年三月に、チェコのプロテスタント神学者ヨゼフ・ルクル・フロマートカの著作選『危機の時代の神学』（平凡社）を、監訳者として刊行されました。本題に入る前に、同書について触れていただければと思います。

佐藤　フロマートカは私が最も尊敬する神学者であり、彼の著作を日本の人々が手に取りやすい形に整備することは、私にとってライフワークの一つです。これまでも、彼の自伝を翻訳したり、著作を監訳したりしてきました。今回の『危機の時代の神学』刊行も、そのライフワークの一環なのです。

――『危機の時代の神学』というタイトルに、「ウクライナ戦争が続く今こそ、フロマートカの著作が広く読まれるべきだ」との佐藤さんの思いが込められていると感じました。

佐藤　おっしゃるとおりです。今は、一歩間違えれば第三次世界大戦につながりかねない「危機の時代」です。私も共著を編《あ》んだエマニュエル・トッド氏（フランスの人口学者・人類学者・歴史学者）のように、『第三次世界大戦はもう始まっている』（トッドが文春新書で刊行した著書のタイトル）と捉《とら》える識者すらいます。そのような危機の時代にあって、キリスト教徒は、ひいては宗教者はどのように社会と向き合うべきか？ その一つの範が、フロマートカの思想と行動のなかにはあると考えました。

フロマートカは、一九六八年に起きたチェコスロバキア（当時）の民主化運動「プラハの春」に積極的に参加し、ソ連の軍事介入に非暴力的手段で抵抗しましたが、それ以前からずっと、キリスト教徒とマルクス主義者との対話を推進してきた人でもあります。

――単純に「ソ連は悪だ」という立場に立っていたわけではないのですね。

佐藤　そうです。フロマートカは、一九三九年に渡米してプリンストン大学の客員教授になりますが、戦後の四七年にあえて共産主義体制下の祖国チェコスロバキアに戻りました。そして、五八年にプラハで「キリスト者平和会議」という団体を作るのです。

それは〝東西冷戦がこのまま進めば、核戦争で人類が絶滅してしまうかもしれない。そうなる前に対話によって平和を推進することが、キリスト教徒としての使命だ〟という決意のもと、リスクを覚悟で作ったものでした。

――そのことで、西側からは「赤い神学者」と揶揄《やゆ》されたそうですね。

佐藤　はい。一方でチェコ国内では、ソ連の軍事介入に一貫して反対したために、「反体制派」のレッテルを貼られました。西側からも東側からも批判されながら、平和のために両者をつなぐ対話を推進したのです。そうしたリスクは、彼にとって最初から覚悟の上でした。〝自分は東側でも西側でもなく、イエス・キリストの教えに従うのみだ〟というブレない基準を持っていたからです。

そして、フロマートカは二つの対話を推進していきました。西側の資本主義国のキリスト教徒たちとの対話と、チェコ国内のマルクス主義者たちとの対話です。そのなかでフロマートカは「人間主義」の立場を貫《つらぬ》きました。つまり、〝イデオロギーは違っても、神を信じる・信じないの違いはあっても「人間である」という最大の共通項に立脚すれば、対話が成り立つはずだ〟と考えたのです。

――池田SGI会長の「人間主義」に近いものを感じますね。

佐藤　そのとおりです。池田会長は仏教者として世界平和を推進するため、異なる宗教やイデオロギーを持つ相手とも、「人間主義」に立脚した対話を積み重ねてきました。その点がフロマートカとの大きな共通項だと、私は感じています。

「一凶」は戦争そのもので、国ではない

佐藤　ひるがえって現在の状況を見れば、ウクライナ戦争という危機に対して、キリスト教が取っている行動は良いものとは言えません。現在、カトリック教会はウクライナ・ナショナリズムを側面から支え、ロシア正教会はプーチン大統領の帝国主義をイデオロギー的に支える役割を果たしてしまっているのです。

詳しくは「東洋経済オンライン」に寄稿した「ウクライナ戦争をあおるカトリック、ロシア正教」（二〇二二年十二月二十日付）で書きましたが、フランシスコ・ローマ教皇

は、ウクライナ侵攻を続けるロシア軍の兵士のうち、少数民族のチェチェン人とブリヤート人が「最も残虐だ」とコメントして物議を醸《かも》しました。一方、ロシア正教会最高位のキリル総主教は、ロシアのウクライナ侵攻を支持する「正戦論」の姿勢を明確にしています。

東西の対話を推進したフロマートカや池田会長の姿勢とは真逆で、一教派のトップでありながら戦争を煽《あお》ってしまっているのです。ローマ教皇は批判を受けて、差別的発言を謝罪して撤回しましたから、まだいいのですが……。

——佐藤さんは「東洋経済オンライン」以外のメディアでも、ローマ教皇やキリル総主教のウクライナ戦争への対応を批判されていましたね。

佐藤　はい。キリスト教徒としての使命感から張っている論陣です。私が所属する「日本基督《キリスト》教団」は、創価学会に比べれば小さな組織ですが、それでも、世界中のキリスト教徒とは同じ〝見えない教会〟に所属しているという連帯感もあります。ロシアにもウクライナにもキリスト教徒はたくさんいるわけで、その人たちに心のなかで呼びかける思いで書いている面もあるのです。宗教者である以上、分断を煽るのではなく、フロマートカや池田会長のように、対話を推進し、平和を希求する立場に立つことは義務だと思っています。

ロシア正教会のキリル総主教がそうしているように、プーチン政権と深く結びついてウクライナを悪魔視するようなやり方は、巨大なキリスト教徒集団のトップが取るべき道では決してないと、私は強く思います。それは世界の分断を招き、第三次世界大戦のリスクを大きく高めてしまう道なのですから。

――佐藤さんは前に（本書第九章）、今年（二〇二三年）一月に池田会長が発表した、「ウクライナ危機と核問題に関する緊急提言」について、そのなかに「ロシアによる侵略」という言葉をあえて使わなかった点が重要だと指摘されました。それはまさに、提言が世界の分断に結びつくことがないようにとの配慮だったわけですね。

佐藤　そうです。巨大な世界宗教教団の最高指導者として、それは当然の配慮でした。

日蓮大聖人が「立正安国論」に記した、「この一凶を禁ぜんには」（新版三三ページ・全集二四ページ）という有名な一節があります。では、ウクライナ戦争における「一凶」とは何か？　言い換えれば、宗教者として今戦わなければならない対象とは何か？　それは戦争そのものであり、戦争を引き起こす内的要因となる〝人の心の悪〟だと思います。そこを勘違いして、宗教者が「一凶はロシアだ」とか、逆に「一凶はウクライナだ」という立場に立ってしまったら、それは宗教者としては逸脱だと思います。

学会員の皆さんは、日々の学会活動について、よく「戦い」と表現されますね。「折伏《しゃくぶく》の戦い」「選挙の戦い」というふうに。でも、それはあくまでも対話による言論戦であり、ひいては生命のなかの悪《あ》しき境涯《きょうがい》との戦いを意味しているのだと思います。しかし、キリル総主教のように「一凶はウクライナだ」という立場を取ってしまうと、その瞬間に「戦い」は内面的なものではなく、現実に人が死ぬ戦争になってしまうわけです。それは、ロシアの名を出さずにウクライナ緊急提言を発表した池田会長の姿勢とは対照的です。

また、「プーチンは悪だ」「ゼレンスキーは悪だ」と、一人の指導者を悪魔視するのも、宗教者が取るべき行動ではないと私は思います。池田会長は決してそのような発言をされないはずです。それは一つには、独裁者と見なされる国家指導者の生命にも仏性《ぶっしょう》はあると捉えるからこそでしょう。

中国の習近平《しゅうきんぺい》国家主席は、今年（二〇二三年）三月にロシアを訪問してプーチン大統領と会談したり、四月にウクライナのゼレンスキー大統領と電話会談して和平交渉を促したりと、戦争終結を目指した仲介的な動きを見せています。

そのことについて懐疑的・批判的な論調も多いですが、私は素直に「最近の習近平は頑張っている」と評価しています。習近平に独裁的傾向が見られることも、今の中国に帝国主義的な面が強いのも事実でしょう。それはそれとして、世界平和に寄与したいという思いが爪の先ほどもなかったとしたら、和平提案なんてしないと思うのです。仏法の見方からすれば、習近平の生命にも仏性はあるわけで、和平を目指す一連の動きはその仏性の働きだと見ることもできます。

「どんな魂胆《こんたん》があるんだろう？」と疑ってかかるより、習近平の仏性の発露《はつろ》と捉え、この動きが他に波及してウクライナ戦争が一日も早く終結するようにと祈るのが、宗教人としての見方ではないでしょうか？　少なくとも私は肯定的に評価します。そしてその評価は、私が池田思想を研究してきたことと無関係ではありません。国家指導者をどう捉えるかという姿勢について、今の私は池田思想から強い影響を受けているのです。

今こそ「太陽の仏法」が求められている

――それでは、本題に入ります。いよいよ「如来神力品《にょらいじんりきほん》」の章の最後の部分になります。

佐藤　今回学ぶ部分のなかで、ちょっと驚かされた一節があります。対話者の一人が、

「今、日本も、世界も、先が見えないような闇が覆《おお》っています。だからこそ、私たちの出番だと思います」と発言する箇所です（下巻二四七ページ）。

この巻の収録分が連載されたのは、一九九〇年代の後半から末にかけてです。のちに「失われた三十年」と呼ばれる日本経済の低迷はもう始まっていましたし、オウム真理教事件や阪神・淡路《あわじ》大震災の記憶もまだ新しく、明るい時代ではなかったでしょう。しかし、「先が見えないような闇」というほど暗い時代でもなかったと思います。だからこそ、その時代を闇と表現する言葉に、私は驚いたのです。

むしろ、そう呼ぶにふさわしいのは、コロナ禍《か》の余燼《よじん》がくすぶり、ウクライナ戦争の終わりが見えず、世界が混乱し、あらゆる物が値上がりを続ける今このときでしょう。ある意味で、池田会長らは、現今の「危機の時代」を四半世紀以上前に予見していたのかもしれません。

そして、その発言に対して、池田会長は次のように答えています。

「そうです。闇が深ければ深いほど、『太陽の仏法』が光り輝くのです。（中略）大勢の人々を救っていくチャンスです」（下巻二四七ページ）

この言葉は、『法華経の智慧《ちえ》』連載当時よりも、むしろ今こそ創価学会員の皆さんが胸に刻むべき言葉ではないでしょうか。コロナ禍とウクライナ戦争が象徴するように、闇に覆われたような時代であるし、創価学会に対する風当たりも強い状況であるからです。

それは、安倍晋三《しんぞう》元首相銃撃事件以来、旧統一教会が批判にさらされたとばっちりの面が強いわけですが、いわゆる宗教二世問題がマスコミに盛んに取り上げられたことは、創価学会が弘教《ぐきょう》を進めていく上でも、大きな逆風になっていると思います。

ただし、〝その逆風に怯《ひる》んで弘教を躊躇《ちゅうちょ》するような「臆した心」であってはいけない〟と、池田会長ならきっと言われることでしょう。〝今のような闇の深い時代、宗教に対して逆風の強い時代こそ、大勢の人々を救っていくチャンスです〟と……。

そもそも、一寸先は闇のように思える不安な時代にこそ、人々は宗教を求めるものです。宗教によってしか解消できない不安が蔓延《まんえん》する時代とも言えるのですから。

また、旧統一教会への批判によって宗教全般のイメージダウンが起きているとはいえ、それは裏返せば、かつてないほど人々の宗教への関心が高まっているということでもあります。だからこそ、創価学会にとって今は、日本の広宣流布《こうせんるふ》を前進させる大きなチャンスでもあるのです。日蓮仏法は「太陽の仏法」であり、人々を騙《だま》し、不幸に陥《おとしい》れるような宗教とは違うのだと、広く知らしめるチャンスなのですから。
四半世紀以上前に発せられた言葉ではあるものの、今回学ぶ箇所の池田会長の言葉は、あらためてそのことを教えてくれているのではないでしょうか。

――そうですね。きっと、そのように前向きに受け止めている方も多いことでしょう。

『法華経の智慧』を再考察する意義

佐藤　本書の連載が『第三文明』誌上で始まったのは二〇一六年八月号でした。かれこれ七年近く（収録時点）も続いているわけですが、ようやく終盤にさしかかってきましたね。

――はい。本当にありがとうございます。

佐藤　『法華経の智慧』という大著を最初からずっとリビュー（再考察・再検討）してきたわけですが、その間、コロナ禍とウクライナ戦争という世界史的事件が二つも起きたことで、リビューする意義があらためて明確になった気がします。

――と、おっしゃいますと？

佐藤　『法華経の智慧』は、「難解だ」というイメージもあるため、皆さんのなかにも「読んだことがない」という人は少なくないでしょう。それを、『第三文明』で毎号読み解きをすることによって、若い読者にも知ってもらうことができたと思うのです。

しかも、コロナ禍やウクライナ戦争などの時事的トピックと関連づけて読み解いていることで、単なる「昔の本」ではなく、世界が進むべき方向性を指し示す羅針盤《らしんばん》になり得る書物であることが、多くの読者に理解された。そのことの意義は大きいはずです。

――なるほど。確かに、『法華経の智慧』の内容は変わらなくても、コロナ禍やウクライナ戦争などによって新たな意義がもたらされたという気がします。

佐藤　御書や『新・人間革命』など、学ぶべきテキストは多いので、『法華経の智慧』まで手が回らない人も多いでしょうが、今こそ読まれるべき書物だと思います。読者の皆さん、どうぞ最後まで読み解きにおつき合い願います。

（以下次巻）

［特別収録］

池田先生の逝去に思う

（『第三文明』二〇二四年二月号・三月号）

「恩返し」として張った論陣

――池田大作先生（創価学会第三代会長）が、去る二〇二三年十一月十五日に九十五歳で逝去《せいきょ》されました。そこで今回は、いつもの『法華経の智慧《ちえ》』の読み解きをお休みにして、佐藤さんに池田先生の事績や逝去を巡る感慨、逝去後の出来事についてのご意見などを語っていただきたいと思います。

佐藤　まず、あらためて心よりお悔やみを申し上げます。池田先生の逝去はまさに歴史的な出来事ですから、特別に扱うのは当然だと思います。

――それと、今後は当連載で「池田先生」という呼称を用いたいと思います。実はこれまでも、実際のインタビューのなかで佐藤さんはずっと「池田先生」と呼ばれていました。編集部の判断で「池田会長」という表記に置き換えていたのです。

佐藤　その点も了解しました。

――池田先生の逝去を各マスコミも大々的に報じましたが、佐藤さんもそのなかで数多くの記事を書かれていましたね。特に、週刊誌には逝去を揶揄《やゆ》的に扱う記事が多いなかにあって、佐藤さんが真摯《しんし》な原稿や談話を寄せておられたことが印象的でした。

佐藤　私は二〇二三年六月に受けた腎《じん》移植手術について、創価学会の皆さんが成功と回復を祈ってくださったことに、深い恩を感じています。また、これはここで初めて明かすことですが、手術に際しては池田先生・奥様からも、お見舞いの伝言と心尽くしのお品を頂戴しました。

ですから、先生の訃《ふ》報《ほう》に接したとき「自分に今できる恩返しとして、逝去について〝正視眼〟で受け止める論陣を張ろう」と考えたのです。連載を持っているメディアのいくつかについては、すでに入稿していた原稿をぎりぎりの日程で差し替えてでも、池田先生を追悼する内容にしました。また、逝去についての寄稿やインタビューの依頼も、可能な限り引き受けました。

――一例を挙げますと、講談社の『週刊現代』(二〇二三年十二月二・九日合併号)は、「池田大作の光と影」なる特集を組みましたが、他の記事が揶揄的・中傷的な内容だったなか、佐藤さんのご寄稿だけは〝正視眼〟で池田先生を評価されていました。「創価学会が作り出す世界のあり方について、池田は23世紀までのプランを描いてい

東京都内で行われた「お別れの会」には、国内外の各界から約2600人が献花に訪れた（2024年1月30日）（時事）

る。今の日本の宗教指導者や政治家で、２００年先の計画を立てられる人がいるだろうか」という結びの一文に感銘《かんめい》を受けました。

それから、朝日新聞出版の『ＡＥＲＡ』（二〇二三年十二月四日号）には、佐藤さんが「池田大作の死と創価学会の今後」という寄稿をされ、揶揄・中傷記事はありませんでした。

佐藤　『ＡＥＲＡ』は私の『池田大作研究』（朝日新聞出版）を連載した雑誌ですから、あの連載が良い影響を与えた面があります。連載を通じて、池田先生について正しく評価してくれる編集部員も増えたのです。

——佐藤さんの活躍がなければ、池田先生の逝去を巡る週刊誌報道は、もっと批判的な視点のものが多くなっていたと思います。

佐藤　私の力というよりも、創価学会に対する理解が昔に比べたら進んできたということでしょう。確かに、逝去後の報道にはひどいものも少なくなかったですが、私を起用する程度には中立的になってきたわけです。それは、公明党が四半世紀にわたって与党であり続けてきた効果でもあるでしょう。そして、創価学会の皆さんの勝利でもあるのです。

逝去を揶揄する週刊誌記事の浅薄さ

佐藤　池田先生の逝去を揶揄した週刊誌の記事を読むと、底の浅さと代わり映えのなさに呆《あき》れます。コメンテーターや寄稿者として登場する面々が、三十年ほど前の学会中傷記事に出てきた顔ぶれとほぼ同じなのですから。

――確かに、乙骨正生《おっこつまさお》、段勲《だんいさお》、溝口敦などという昔からの名前が目立ちましたね。そのなかでは一番若い乙骨氏でさえ、もう七十歳近い。

佐藤　つまり、創価学会批判という分野では、過去三十年間、新たな若い書き手が育っていないわけです。しかも、古株の人たちの創価学会に関する情報や見方はアップデートされておらず、昔のネタを焼き直しています。

一例を挙げれば、新潮社の『週刊新潮』は逝去を報じた記事（二〇二三年十一月三十日号）のなかで、藤原弘達《ひろたつ》氏（政治学者）の著書『創価学会を斬る』を蒸し返して使っていました。あの本は今の基準に照らせば明らかに「ヘイト本」です。また、二〇一九年刊の『内閣調査室秘録』（岸俊光《としみつ》編・志垣民郎《しがきみんろう》著／文春新書）のなかで、藤原氏が内調（現・内閣情報調査室）から二十年以上にわたって接待を受け続けた協力者だったことが、内調創設メンバーの一人である志垣民郎氏の証言で明かされています。つまり、『創価学会を斬る』はまったく中立的ではなかったわけで、そんなヘイト本をいまだにネタとして用いているあたりに、学会批判記事の質の低さが露呈《ろてい》しています。

それから、同じ『週刊新潮』の記事のなかで、宗教学者の島田裕巳《ひろみ》氏が寄せていたコメントもひどいものでした。次のような内容です。

「池田氏は最期まで宗教の本質である〝死〟についての解を提示できなかった」

「池田氏の人生は〝生きる〟ことに大きな比重を置き、『現世利益』を徹底。（中略）その反面、死について掘り下げることがないまま、表舞台から去っていった。そこに宗教者としての限界があったのではないでしょうか」

これは、池田先生について知らない読者は真に受けてしまいそうですが、学会員の皆さんなら一笑に付すコメントでしょう。

池田先生が死について掘り下げて考察しなかったというのは、明らかな事実誤認です。例えば、先生が米ハーバード大学で一九九三年に行った講演「二十一世紀文明と大乗仏教」では、「生も歓喜、死も歓喜」という画期的な生死観を提示されました。また、この連載で読み解いてきた『法華経の智慧』に限っても、死についての深遠な哲学が随所《ずいしょ》で展開されています。特に、如来寿量品《にょらいじゅりょうほん》についての章などはそうですね。

ということは、宗教学者であり、創価学会についての著作も少なくないにもかかわらず、島田裕巳氏は最重要著作の一つである『法華経の智慧』すら読んでいないのでしょう。ひどいレベルです。

逝去後も創価学会は盤石である

佐藤　一九五八年四月二日に、戸田城聖《じょうせい》第二代会長が逝去したあと、当時のマスコミは「カリスマ的指導者を失ったことで、創価学会は空中分解するだろう」と書き立てました。それがまったくの見当違いに終わり、池田先生の第三代会長就任後、創価学会が大きく飛躍していったことは、言うまでもありません。

池田先生の逝去後も、まるで戸田会長のときの報道をなぞるように、一部マスコミは「これで創価学会は分裂する」と書き立てました。一例を挙げれば、光文社の写真週刊誌『ＦＬＡＳＨ』は、「池田大作氏死去で勃発《ぼっぱつ》する『創価学会分裂』騒乱」（二〇二三年十二月十二日号）なる記事を掲載しました。

取るに足らない与太《よた》記事のたぐいですが、一つ指摘しておきたいのは、この手の記事の作り手には宗教史への理解が欠けているということです。宗教史をひもとけば、宗教が分裂するときには必ず教義の決定的相違があることがわかります。キリスト教におけるカトリックとプロテスタントの分裂は、典型例です。創価学会と日蓮正宗の決裂の背景にもそれがありました。宗門の掲《かか》げる法主《ほっす》絶対主義、僧俗差別主義などは、創価学会とは教義的に相いれなかったからこそ、両者は決裂したのです。

ひるがえって、今の創価学会に教義の決定的相違になり得る芽があるかと言えば、何もありません。その意味で、分裂などそもそも起こりようがないのです。週刊誌記者たちは宗教史に対して無知で、単なる権力闘争を見るような視点で創価学会を見ているから、あり得ない与太記事を作ってしまうのです。

その点、例外的に真っ当だったのは、ウェブメディア「集英社オンライン」の記事（二〇二三年十一月二十日配信）でした。複数の現役創価学会員（匿名《とくめい》）に取材したものです。そこには次のようなコメントがありました。

「池田先生が亡くなって、中長期的にかなりの影響が出るだろうと報道されていますが、私はそうは思っていません。おそらくですが、日本に700万世帯くらいいる学会員の9割9分の人が、そんな風には誰も感じてないと思います」

また、「池田氏が亡くなったことで、今後、創価学会が大きく形を変えるということは考えられないのだろうか」との問いに対して、一人の学会員がこう答えています。

「考えられないというか、そうなってしまわないようにこの十数年そういう準備をしてきたわけです。池田先生もそれを望まれていたわけです。さまざまな関係の機関がそれぞれ準備をしてきていますし、だから何か大きく変わるなんてことがあったとすれば池田先生のご意思に反するとみんな思っているでしょう」

外部である私の肌感覚も、これらのコメントに近いものです。池田先生が表舞台に出なくなってからの十数年間、創価学会は集団指導体制を取り、教学の整備などさまざまな面で、先生亡きあとも盤石な形で進めるよう、周到に準備を重ねてきたわけです。その点で、戸田会長が亡くなったあとの状況より、格段に準備が整っていました。私が友人・知人の学会員の皆さんと接しても、動揺はまったく感じられません。もちろん、師を亡くした深い悲しみはありますが……。

池田先生の葬儀は戸田会長以来の「創価学会葬」として、全国の創価学会会館を中継で結ぶ形で執り行われました。その際、会員には平服での参列が奨励されたと聞いています。それは象徴的なことで、逝去を悲劇としては捉《とら》えず、これまでどおり広宣《こうせん》流布《るふ》を目指す活動を続けていこうという、創価学会総体としての明確な意思を感じました。そして、それこそ池田先生が望まれたことであったでしょう。

世界宗教化の準備は完了している

佐藤　大新聞の報道には、さすがに週刊誌とは違って、「創価学会は分裂する」などという与太記事はありませんでした。しかし、多くの新聞は、「カリスマ的指導者を失ったことで、創価学会と公明党は退潮していくだろう」とのネガティブな予測をしていました。しかし私は、それらの「退潮報道」にも強い違和感を覚えます。

創価学会は、個人のカリスマ性に頼る属人的組織ではありません。そうした段階はとうの昔に終わっているのです。池田先生が表舞台に出なくなってからの十数年間、あらゆる活動が遅滞なく、問題なく進んできたこと自体が、そのことを証明しています。ゆえに、「カリスマ的指導者が世を去り、直接の指導ができなくなったことで創価学会が弱体化する」という見方は、的外れでしょう。

キリスト教の場合、世界宗教化が本格化したのは、生身《しょうしん》のイエス・キリストがこの世を去ってからでした。そして、その世界宗教化を推進した旗頭《はたがしら》は、イエスと直接会ったことがないパウロだったのです。同様に、これから創価学会／ＳＧＩは、池田先生と直接会ったことがない世代によって、本格的に世界宗教化していくでしょう。先生の逝去で退潮していくどころか、むしろこれからがＳＧＩの本舞台なのです。

そして、世界宗教化のための準備は、すでに完了しています。その最も大きな要素として挙げるべきは、「キャノニゼーション」――「正典化」です。

詳しくは『希望の源泉・池田思想6』で論じましたから、そちらを参照していただきたいのですが、世界宗教には教えの根幹となる「正典」（キャノン）が確定されていないといけません。それが定まっていないと、各国に布教を進める過程で混乱や分裂を招くからです。創価学会／ＳＧＩにとっての正典は、まず『人間革命』『新・人間革命』であり、『日蓮大聖人御書全集』です。また、それに準ずるものとして、『池田大作先生の指導選集』や『法華経の智慧』などが挙げられるでしょう。

ここ数年間で、『新・人間革命』が完結し、池田先生の監修による御書全集の新版が刊行され、池田先生の指導選集は全三巻にまとめられて発刊されました。それらの作業によって、創価学会／ＳＧＩの正典化は完了したのです。

世界宗教の正典は、平均的な知的能力の持ち主が努力すれば読了できる分量で閉じて（＝完結して）いなければいけません。そうであってこそ、教団内で読了運動ができるし、個々の会員がランダムアクセスしてさまざまな問題を解決する際の手がかりを探せるからです。創価学会の正典も、その条件にかなっています。

一連の正典が、池田先生の晩年に集中して完成したことは象徴的です。先生は、世界宗教化の準備を完了させてから世を去ったのです。自《みずか》らが亡きあとも世界宗教化が着実に進んでいくように……。

――「退潮報道」は、そうしたことを理解していない者が書いているのでしょうね。

佐藤　はい。古くさい「カリスマ的指導者の支配」というイメージにとらわれて創価学会を見ているから、本質を見誤ってしまう。また、日本の創価学会にしか目を向けていないから、ＳＧＩの世界的発展を見落としてしまうのです。

それに、退潮といっても、日本社会を等しく覆《おお》っている少子高齢化の影響も大きいわけで、それは創価学会・公明党だけの問題ではありません。むしろ、少子高齢化の大波のなかで、創価学会はよく頑張っていると思います。

師弟の絆と「永遠の命」

――ここまで主に池田先生の逝去後のマスコミ報道を俎上《そじょう》に載せましたので、ここから、もう少し大局的な視点から、創価学会の今後の展望などについて、ご意見を伺《うかが》えればと思います。

佐藤　今後の展望と言えば、私はまず、逝去の第一報となった昨年（二〇二三年）十一月十八日の原田稔会長と池田博正主任副会長の談話（創価学会公式サイト「SOKA net」を通じて配信された）が、創価学会の今後のあり方を示していると感じました。

原田会長一人の談話という形を取らず、池田先生のご長男である主任副会長が同席され、しかも会長に先んじて語られた。また、談話のなかでも香峯子《かねこ》夫人からの伝言が最初に紹介されました。つまり、池田家の代表としての立場で、まず逝去を語られた。

言い換えれば、池田先生の「創価学会葬」に至る一連の流れを、単なる学会行事にはせず、池田家の行事と学会行事が融合する形にしたわけです。

そのことは、創価学会が家族という共同体を重んじる教団であることを象徴していると感じました。学会員の皆さんの絆《きずな》は、しばしば「創価家族」と表現されます。また、学会が会員数よりも世帯数で掌握《しょうあく》されているのも、一つには家族を重んじるがゆえでしょう。

だからこそ、学会においては、教団と個々の会員の家族の運命が、限りなく重なっている。そして、その同心円の中心には池田家がある。そうした構造はこれからもずっと変わらないということを、あの談話は示していると私は受け止めました。

――「創価家族」としての絆を核にした葬送であったということですね。

佐藤　そうです。キリスト教においては、『新約聖書』の「ヨハネによる福音書《ふくいんしょ》」のなかに、「永遠の命」が説かれています。「御子《みこ》を信じる人は永遠の命を得る」とあり、イエスを信じることを通じて、個々のキリスト教徒も「永遠の命」を得るとされています。

私は池田先生の逝去からの一連の出来事を見て、キリスト教の「永遠の命」を想起しました。池田先生との「師弟の絆」は、先生が逝去された今も、そしてこれからも、永遠に、厳然《げんぜん》とあるのです。

池田先生が逝去されても、先生が遺《のこ》された膨大《ぼうだい》な著作や指導等を、学会員の皆さんが生きる指針にしていくという関係性は、生前と変わることなく続いていくでしょう。それは、われわれキリスト教徒とイエスが「永遠の命」で結ばれていることと相似形です。

直近の例として、二〇二四年一月一日に起きた「能登《のと》半島地震」においても、被災地の学会員の皆さんには、十三年前の東日本大震災に際して池田先生が送った「いかなる苦難も『心の財《たから》』は壊せない」という励ましのメッセージ（二〇一一年三月十六日付の『聖教新聞』に掲載）が、再び送られたと伺いました。それはあたかも、池田先生がたった今発せられたメッセージであるかのように、被災地の皆さんに受け止められたことでしょう。

今後もずっとそのような形で、池田先生の言葉は学会員を励まし続けるはずです。人生の苦難や岐路《きろ》にさしかかったとき、池田先生の言葉に鼓舞され、背中を押されて、それぞれが前に進んでいくと私は確信しています。

キリスト教が世界宗教化したのはイエスの死去後でした。同様に、池田先生逝去後のこれからこそ、創価学会の世界宗教化は本格化していくのです。生身の指導者によってではなく、その指導者が世を去ってから、遺された弟子《でし》たちが指導者の思想を世界に広めていく――世界宗教とは、本来そういうものなのです。

逝去によって世界宗教化が可視化

佐藤　それから、先ほど触れたように、逝去を巡るマスコミ報道にはひどいものも多かったのですが、一つだけ良かった点として、一連の報道が、ＳＧＩの世界的な広がりが広く認識される契機となったことが挙げられるでしょう。

特に、新聞報道では池田先生の功績として、創価学会を世界に広めたことがデータとともに紹介されました。しかも、それらの記事では、「世界宗教」という言葉すらしばしば用いられていました。生前にはあまりなかったことでしょう。そうした報道によって、初めて創価学会の世界宗教化を認識した人も多かったと思われます。一般には、日本の創価学会しか見えていなかった人が多いでしょうから。また、池田先生の逝去後、世界の国家元首などから続々と弔意が示されたことも報道され、それも多くの人が認識をあらためる契機になったと思われます。

皮肉なことに、逝去によって初めて、池田先生の偉大さを認識したという人も多かったはずです。いわば、逝去によって創価学会の世界宗教化が広く可視化されたのです。それは、創価学会にとって大きな前進と言えます。

――牧口常三郎《つねさぶろう》初代会長や戸田第二代会長の事績を主に研究されていたある研究者が、以前こんなふうに言っていました。「これまでの世界宗教化は、武力を背景に布教がなされてきた。それに対して、池田会長が推進された創価学会の世界宗教化は、武力一切抜きで、一滴の血も流さず進められた。世界史上初めてのことであり、そこに池田会長の偉大さがある」と。

佐藤　まったく同感です。例えば、イエズス会が推進したキリスト教の世界宗教化は、武力による各国への植民地支配とセットになっていました。宣教師たちは植民地化の尖兵《せんぺい》としての役割も担《にな》っていたのです。

宗教の布教に限らず、政治思想の相違も、歴史上、しばしば武力衝突を引き起こしてきました。日本でも、幕末の尊王攘夷《そんのうじょうい》運動から戦後の新左翼運動に至るまで、思想の違いによる決裂が暴力闘争に結びつき、おびただしい死者を出してきました。

一方、創価学会と日蓮正宗宗門の決裂に至った戦いは、あくまで言論闘争の範疇《はんちゅう》で行われ、ただの一人も暴力による死者は出しませんでした。これは実にすごいことなのです。その背景にあるのは創価学会の生命尊厳の思想、平和主義であり、なかんずく池田先生の指導力でしょう。先生の平和主義が、学会員一人一人の心にしっかりと根づいていた。だからこそ、宗門との闘争で一人の死者も出なかったのです。「池田先生と創価学会を切り捨て、恩を仇《あだ》で返した宗門は絶対に許せない」と、怒りに震えた学会員は当時多かったでしょう。しかし、その怒りが暴力に結びつくことは決してなかった。それくらい、創価学会には平和主義がしっかりと定着していたわけです。

そして、現在までの創価学会の世界宗教化が、完全に平和的に進められたことは、世界史上、画期的なことです。しかも、各国のＳＧＩ組織は、その国の体制と不協和音を生じることなく、平和的に社会に根を張る姿勢を堅持しています。そのことの重みは、今後十年、二十年と時を経るにつれ、いっそう明らかになっていくことでしょう。

虚心坦懐に池田思想に学ぶべき

佐藤　私は過去数年間、池田思想を集中的に学んできました。『池田大作全集』全百五十巻を自宅に揃《そろ》えて熟読を進めていますし、当連載や『潮』での連載、『ＡＥＲＡ』での「池田大作研究」の連載など、さまざまなアウトプットの機会も持って、学びを深めてきました。その結果として、今では私の考え方自体が池田思想の影響をかなり受けていると感じています。

例えば、麻生《あそう》太郎・自民党副総裁が公明党幹部を名指しして、「がんだった」と批判したことがありました（二〇二三年九月二十六日付『朝日新聞』）。がんと戦ってきた一人としても許し難《がた》い発言ですが、ああいう発言に接したときにも、「こんな発言を平気でするこの人は、十界論《じっかい》で言えばどの生命境涯《きょうがい》に当たるのか？」と、反射的に考えてみるのです。それも、私が池田思想を学んできたがゆえのことだと思います。つまり、人物を評価する基準についても、私はかなり池田思想の影響を受けているのです。

同様に、世界情勢を見る基準についても、池田思想にかなり影響されています。特に、数年がかりで探求してきた『法華経の智慧』などは、現在の世界情勢を読み解くためのヒントにも満ちているのです。

そのように、池田思想は学会員ではない私のような人間にとっても、知恵の宝庫と言えます。学会員の皆さんの独占物にしておくのは、あまりに惜しい。にもかかわらず、日本では週刊誌等のマスコミが作り上げたネガティブなイメージに縛られ、いまだに池田先生に対する拒絶反応を示す人が少なくありません。学会員以外の日本の知識人で、池田思想を真摯に学ぼうとする人は、残念ながらごく少数でしょう。

――世界各国の大学に「池田思想研究所」が続々と誕生していることとは、対照的ですね。

佐藤　そう思います。日本の知識人は、池田先生の逝去を機に、今後は偏見の色眼鏡を脱ぎ捨てて、虚心坦懐《きょしんたんかい》に池田思想を学ぶべきです。

池田思想は社会の歪みを正す妙薬

――池田思想の、具体的にどのような点に学ぶべきだとお考えでしょうか。

佐藤　たくさんありますが、例えば教育思想です。池田先生ご自身が、五十代を迎えた頃から「私の人生の最後の事業は『教育』である」と宣言され、その言葉どおり教育を重視した行動を積み重ねられました。

また、先に紹介した、逝去直後の池田主任副会長の談話のなかでも、「本日まで、このこと（＝逝去）の公表を控えておりましたが、創立記念日の諸行事、なかんずく学園（＝創価学園）の行事を予定通り行ってもらいたいとの、家族の意向からです」

との一節がありました。このなかの「学園の行事」という言葉に唐突感を抱《いだ》いた人もいたかもしれませんが、それほど池田先生が教育、とりわけ創価一貫教育を重視されていたということに他ならないでしょう。

言うまでもなく、池田先生の教育思想は、牧口初代会長の『創価教育学体系』を踏まえた、そのアップデート版と言えます。その中核をなすのは「子どもの幸福こそが教育の目的」という理念であり、それを池田先生は、「社会のための教育から、教育のための社会へ」の転換を求める主張として世に問われました（二〇〇〇年九月二十九日発表の提言「『教育のための社会』目指して」）。

そのような教育思想は、今の日本社会にこそ強く求められていると思います。というのも、昨今の日本の教育は、「教育のための社会」「子どもの幸福こそが教育の目的」という理念とは逆方向に進みつつあると感じるからです。そのことを象徴しているのが、首都圏で特に顕著な「中学受験の過熱」という問題です。

難関中学の受験問題がどんどん難しくなってきていて、今では高校一、二年生レベルの知識がなければ解けないような問題が、当たり前のように出題されています。つまり、当の受験生は小学六年生なのに、高校生並みの学力が求められるわけです。これは明らかに行きすぎだと私は思います。そして、そのようなオーバースペック（過剰性能）の学力を身につけるための中学受験塾に通わせるには、高額の費用がかかるのです。子どもたちも親も、かなりの無理を強《し》いられているわけです。

高校受験や大学受験なら受験生側の自我も確立していますが、中学受験に挑むのは小学生たちですから、まだ自我が十分に確立していません。心が不安定なのです。それゆえに、親と一体化して取り組まないと、中学受験の勝者にはなりにくい。そして、親子双方が無理を続けて中学受験に挑んだ結果、時には親による教育虐待《ぎゃくたい》が起きたり、子どもの側に心の歪《ゆが》みが生じたりといったマイナスが生まれやすいでしょう。また、親、特に母親が多いようですが、自身の仕事やキャリアをなげうってわが子の中学受験に取り組まざるを得ないケースも生じています。

それに、中学受験にのめり込んだ結果、「教育や人生の勝利はお金で買える」という、歪んだ拝金的価値観を子どもに植えつけてしまうリスクもあるでしょう。中学受験の過熱の背景には、子どもの教育という、本来商品化してはいけないものを、無理

創価大学生へ創立者・池田大作先生から寄贈された1対のブロンズ像。台座には、創立者が贈った指針が刻まれている

に商品化してしまっている問題があるからです。

もちろん、学会員の皆さんのなかにも、お子さんの中学受験に挑んでおられる方は少なくないでしょう。しかしその場合、親御さんの側が池田思想を心肝《しんかん》に染めていれば、中学受験によって生じる歪みは、予防・回避できると思うのです。

「英知を磨くは何のため　君よ　それを忘るるな／労苦と使命の中にのみ人生の価値《たから》は生まれる」という、創価大学の開学に当たって池田先生が学生に贈られた名高い指針があります。世界の平和、民衆の幸福という使命を忘れることなく、真摯に学問に取り組む労苦のなかにこそ真の価値創造があるという、池田先生の教育思想の根幹を示す言葉です。

　このような価値観を持つ学会員の皆さんは、わが子の中学受験に臨むに当たっても、拝金的価値観に染まることはないでしょう。また、「子どもの幸福こそが教育の目的」という創価教育の理念を心肝に染めた人なら、わが子の幸福をないがしろにしてまで、過度に中学受験にのめり込むこともないでしょう。つまり、池田思想は、今の日本社会が直面している教育の歪みを正す妙薬となるのです。

　同様に、池田思想には、現代社会のあらゆる歪みを正す智慧が満ちています。その精神的遺産は、今後、創価学会の世界宗教化が進むにつれ、いっそう光彩を放っていくことでしょう。

本書の取材の一部を映像に収めました。
YouTubeにてご覧いただけます。

わ行

ま行

や行

ら行

は行

な行

た行

さ行

か行

索引

あ行

著者略歴

佐藤優（さとう・まさる）

1960年、東京都生まれ。同志社大学大学院神学研究科修了後、専門職員として外務省に入省。在ロシア日本大使館に勤務し、主任分析官として活躍。2002年、背任と偽計業務妨害容疑で逮捕、起訴され、09年6月執行猶予付有罪確定。13年6月執行猶予満了し、刑の言い渡しが効力を失った。著書に、大宅壮一ノンフィクション賞と新潮ドキュメント賞を受賞した『自壊する帝国』（新潮文庫）、毎日出版文化賞特別賞を受賞した『国家の罠』（新潮文庫）、『宗教改革の物語』（角川ソフィア文庫）、『池田大作研究』（朝日新聞出版）、『創価学会を語る』（松岡幹夫との共著／第三文明社）、『佐藤優の「公明党」論』（第三文明社）など多数。第10回安吾賞、第68回菊池寛賞、第8回梅棹忠夫・山と探検文学賞受賞。

希望《きぼう》の源泉《げんせん》・池田思想《いけだしそう》――『法華経《ほけきょう》の智慧《ちえ》』を読《よ》む　7

2024年7月31日　初版第1刷発行

著　者	佐藤《さとう》 優《まさる》
発行者	松本義治
発行所	株式会社　第三文明社
	東京都新宿区新宿1-23-5　〒160-0022
	電話番号　03(5269)7144（営業代表）
	03(5269)7145（注文専用）
	03(5269)7154（編集代表）
	振替口座　00150-3-117823
	URL　https://www.daisanbunmei.co.jp/
印刷所	藤原印刷株式会社
製本所	牧製本印刷株式会社

ISBN 978-4-476-03426-4